Lily Tu Angel

Lily Tu Angel

Olga Rivera

Número de Control de la Biblioteca del Congreso de EE. UU.:   2014921739
ISBN: Tapa Dura   978-1-4633-9722-7
                   Tapa Blanda   978-1-4633-9721-0
                   Libro Electrónico   978-1-4633-9720-3

Para realizar pedidos de este libro, contacte con:
Palibrio
1663 Liberty Drive
Suite 200
Bloomington, IN 47403
Gratis desde EE. UU. al 877.407.5847
Gratis desde México al 01.800.288.2243
Gratis desde España al 900.866.949
Desde otro país al +1.812.671.9757
Fax: 01.812.355.1576
ventas@palibrio.com
699233

Índice

Dedicatoria

Este libro se lo dedico a mis hijos
Porque aunque se que me conocen, me gustaría que me conocieran un
Poquito mas.
Y que siempre que me mencionen lo hagan con
Orgullo y con mucho amor

Agradecimientos

Le doy las gracias a mi familia, por todo el apoyo y el amor
Que me dan a travez del camino
Le doy las gracias a mi mama la Sra. Estela Salas, por su amor
Y por estar a mi lado
Le doy las gracias a mi abuelita, la Sra. Maria Magdalena Salas, en paz
Descanse, que me enseño el amor incondicional
Le doy las gracias a mi tio el Sr. Lepoldo Gonzalez, por su amor y por
Se mi guía espiritual
Le doy las gracias a mis hermanos y hermanas por su amor y
Tolerancia hacia mi
Le doy las gracias a mis amigos y amigas, y a mis compañeros de
Trabajo, por su amistad
Le doy las gracias a Adan Cortez por todo el apoyo que me
Das, y por que siempre estas ahí
Le doy las gracias a Hugo Mayen, por darme su amistad, y ayudarme
Con la portada de mi libro
Muy especial le doy gracias a mi Dios y a mis
angeles, por cumplirme este sueño
De tener mi libro, y por iluminarme el camino y por enseñarme a
Amar
Los Amo, Gracias

OLGA LIDIA RIVERA

LILY TU ANGEL

To Angel ( )

Qué bonito es saber que eres un Ángel
Que eres parte de algo celestial
Extender las alas y volar hacia el cielo sintiendo el calor del sol dentro de ti
Contemplar las estrellas de cerca
Y sentir la Brisa del mar cuando estas cerca de el
Oír el cantar de los pájaros, es sentir el coro de Ángeles en el cielo
Es lindo estar fuera del mundo material, el que lastima el alma
Y que hacen que los Ángeles lloren y sus lágrimas se conviertan en lluvia
Los Ángeles siempre quieren estar felices, pero la maldad que lastima
Es más fuerte que la fragilidad de su alma
Por eso, cuando Dios te dé la oportunidad de darte un Ángel
Cuídalo mucho, porque así como te lo dio, te lo puede quitar
Porque a Dios no le gusta que nadie lastime sus Ángeles
Y cuando te das cuenta que en realidad tenías un Ángel a tu lado
Es porque ya lo perdiste
Los Ángeles es lo más bello que Dios hiso, porque los hiso con
bondad, los hiso con amor, para que ellos lo puedan dar
Por eso ve a tu alrededor y fíjate si tienes un Ángel
Y si lo tienes, protégelo con todo tu amor
No lo lastimes, ni dejes que nadie lo haga
Y si Dios te dio el privilegio de ser un Ángel
Que Dios te bendiga
Y me bendiga a mí

Estoy Pensando En Ti

Ahora estoy pensando en ti
Y el pensar que pronto vas a estar a mi lado
Mi cuerpo se siente estremecerse
Mi sangre se agita, mi Corazón palpita con tanta fuerza
Que a la vez lo siento llorar
Es por la emoción de verte de Nuevo
Siento un nerviosismo recorrer todo mi cuerpo
Que solo tu presencia lo puede calmar
Es como si todo mi ser te perteneciera
Cono si algo dentro de mí fuera parte de ti
Y lo es
Porque mi espíritu y mi alma te pertenecen
Gracias Dios mío
Por concederme de Nuevo estar a tu lado

LILY TU ANGEL

Todos somos Ángeles

Dios siempre pone en mi camino a una persona cuando más me necesita
Y cuando más yo necesito de ella
Yo soy un Ángel para esa persona
Siempre me lo dice, o termina diciéndomelo
Y sin que ella o él se den cuenta
También es un Ángel para mí
Porque cuando se acerca a mi
Es cuando más yo necesito de una palabra
De amor, de apoyo
Y por lo regular siempre lo recibo de ella
Todos somos Ángeles en esta vida
En este mundo
Pero muchos, no se han dado cuenta

LILY TU ANGEL

Como Una Rosa

Me siento como una rosa, la cual es un botón que se va abriendo,
soltado ese aroma que se convierte en una inmensa pasión, su color
envuelve al amor, refleja la luz del sol. Se mueve al compás del viento.
Suda en el sereno de la noche y vibra alrededor de la luna.

Nadie sabe cuidar de esa rosa, que poco a poco va perdiendo
su esplendor, su, aroma y todo el amor que envuelve en ella

Cuando tú recibes una rosa, alguien quiere compartir ese encanto,
el amor, la alegría y en tu alma se refleja cuando la recibes

Empiezas a dar el amor que hay dentro de ti, la contemplas, sierras tus
ojos, la hueles, sientes el amor que te ofrece, y luego la dejas a un lado

Me siento viva por dentro, con el Corazón lleno de luz
para iluminar a todos, pero no ilumino a nadie.
Con el alma llena de amor, del cual nadie recibe.

Poco a poco ciento que la luz que ahí dentro de mí se va apagando.

Por las noches me siento morir, pero mi cuerpo reacciona y vibra
con el sereno de la noche y la luna me envuelve en una pasión

Nose si estoy viva sintiendo que estoy muerta,
o muerta sintiendo que estoy viva

Quisiera que entendieran mi mensaje, y se
llenaran de amor y lo compartieran
Que se llenaran de luz, no solo para iluminar su
camino, sino para iluminar el de otros

Quisiera me ayudaran a sentirme viva y no muerta

Aunque ya me haya ido

LILY TU ANGEL

Que Es Una Amistad

Es algo tan bonito, donde puedes compartir con alguien tus alegrías,
tus decepciones, alguien que pueda ser tu confidente, porque tú
sientes que puedes confiar en esa persona y haci lo haces
Pero parece que ya la Amistad no existe de verdad, será que yo haci lo
siento? Porque las personas que les he dado mi Amistad me han desilusionado
Como puedes llamar amigo a alguien que te envidia por lo que tienes,
por lo que has ganado con esfuerzo, en vez de alegrarse de ello
A alguien que tú confías y le cuentas cosas de ti
y va y las platica adelante con otros
A alguien que si les cuentas algo malo de ti, en vez de ayudarte te lo critican
A alguien que cuando ven que otras personas te ven bien te
estiman, se enojan contigo porque quieren ser tu único amigo
A alguien que si ven que en; tu trabajo te va bien, que tus supervisor te
aprecian, les da tanto coraje que hasta tienen el valor de hacerte un mal
Eso no es Amistad
Toda Amistad se destruye por celos, envidias, traiciones
Porque ya no se sabe valorar una amistad?
Y después que alguien pierde tu Amistad, quieren volver a ser tu amigo
Porque muy tarde se dan cuenta de lo bonito que era tu Amistad

Valora tu Amistad

Por Ti

Durante el día, mi pensamiento es para ti

Cada palabra que sale de mi boca te menciona a ti

Cada hora que pasa te recuerdo

Cada minuto de visualizo junto a mi

Cada Segundo te siento a mi lado

Y al acostarme

Tú eres mi último pensamiento

Mi última palabra

Mi última hora

Mi último minuto

Mi último Segundo

Mi último suspiro y después de suspirar por Ti
Mis ojos se sierran y empiezo a sonar contigo

LILY TU ANGEL

Abismo

Estoy en un abismo muy profundo
Donde todo está oscuro, no veo a nadie
Grito y nadie me escucha
Lloro y nadie me consuela
Camino sin rumbo, no encuentro nada
Nada que me ayude a salir de este poso
No puedo pensar, mi mente está bloqueada
Mi cuerpo se siente inerte
Nadie me ve, nadie sabe dónde estoy
Ni porque estoy aquí
Porque no me buscan? Porque no me extrañan?
Esque nadie se da cuenta lo que; me está pasando?
No me recuerdan?
Ya no sé si vivo o muero
Ya no sonrió, no puedo hacer nada, estoy atada
Me siento encadenada
No se dan cuenta de mi ausencia
De este aislamiento donde estoy
Poco a poco me estoy hundiendo más
Me estoy desapareciendo y cuando me busquen
Ya no me van a encontrar

Mi sangre

Veo con mucha tristeza mi sangre
Gotas derramadas en diferentes partes
Quisiera juntarlas y atraerlas a mi cuerpo
Pero tristemente veo como su color rojo
Se va desvaneciendo, sin que yo las
Pueda unir
Ahora solamente tengo la sangre que ahí
Dentro de mi cuerpo
La cual tengo que cuidar
Ya que es la más importante
Dándole vitalidad amor y armonía
Y así no brotara de mi cuerpo
Y se desvanecerá
Mi sangre es lo más importante
Si pierdo mi sangre
Me pierdo a mí misma

LILY TU ANGEL

En Una Esfera de Cristal

Siento mi cuerpo, mi alma, mi espíritu, dentro de una esfera de cristal
Donde yo puedo ver todo lo que pasa a mí alrededor,
A todas las personas que me rodean
Sin que nadie me pueda ver ni tocar
Estoy alejada de mis seres queridos, de mi familia de mis amigos
Me siento desilusionada de todo y de todos
Los veo desde lejos, veo su manera de convivir unos con otros
Pero yo no los puedo juzgar, porque yo también estoy haciendo mal
Al retirarme de todo
Quisiera volver a poder unirlos a todos
Que hubiera amor y armonía
Pero me siento con las manos atadas
Ya una vez les di mi Amistad, mi confianza
Pero no supieron conservarla
Cada uno es como es, y eso no se puede cambiar
Uno cambia por uno mismo
Me siento imponente, sin poder hacer más de lo que hice para
Mantener a todos unidos, por eso yo me siento que estoy en una esfera
De cristal, donde solo los puedo ver
Sin juzgarlos ni lastimarlos, para que ellos no me lastimen a mi
Solo me gustaría que supieran, que aunque estoy lejos
A todos los tengo en mi Corazón
Porque los amo mucho

No Escondas Tus Culpas

Porque escondes tu culpa con tu orgullo
Tú sabes que has lastimado a las personas
Que más deberías amar
Porque te aferras a tu falso orgullo
Porque quieres que todos te miren como una
Persona fuerte
Si por dentro te estas quebrando
Tu orgullo te hace fuerte, te siega
Porque no te deja ver que las personas
Que deberían estar a tu lado
Cada día se alejan más de ti
Deja tu orgullo a un lado
Acércate a los que te aman
No dejes que sea demasiado tarde
Y veras que vas a ser feliz tu
Y vas a hacer feliz a los que te rodean

Me Atreví

No pude dormir esta noche
Veía una y otra vez la foto y me repito
Una y otra vez, porque lo hice?
Es la primera vez que hago algo así
Siempre tenía curiosidad por hacerlo
Y ahora que lo hice, no lo puedo creer
Ya me metí en esto y tengo que seguir
Yo sé que va a hacer una experiencia diferente
Buscar en lo desconocido, sin miedo
Con el atrevimiento con el que siempre hago las cosas
Yo sé que va hacer una Aventura bonita
Solo me pregunto, como ira hacer mi final
Las coincidencias no existen
Y pronto mis preguntas van hacer respondidas
Porque yo lo quise hacer
Por eso lo hice

LILY TU ANGEL

Mi Partida

Siento que me muero, hace más de dos días
que no he comido, ni bebido nada
Ya me empiezo a sentir débil y mi cabeza me empieza a doler
Pasa otro día, y yo igual, mi estómago me empieza
a doler, siento un gran vacío dentro de el
Y mis fuerzas por seguir viviendo se van desvaneciendo
Hoy es mi quinto día, ya mi estómago me duele mucho, creo
son los ácidos gástricos, mi boca se siente seca, y ya no
siento saliva en ella, me es imposible abrir mis ojos
Hoy es mi sexto día, y parece que va hacer el último y ahora el
temor que me está matando es de no saber que va hacer de mi
Solo le pido a mi Dios que se apiade de mí, ya no aguanto esta tortura
El dolor que siento en mi cuerpo, es más fuerte que nunca
Ya no puedo escuchar los lentos latidos de mi Corazón
Que aunque esta ansiedad me vuelve loco por dentro, mi
Corazón parece ya no importarle sus lentos latidos.
Hoy es el séptimo día, hoy le suplico a mi Dios que
ya me lleve, que ya me deje descansar
Y de pronto veo a un Ángel que viene hacia mí,
es un hermoso ser de luz que me dice
No temas, que ya sufriste demasiado, lo necesario
para no seguir sufriendo en el más allá
Y me dice, mira hacia arriba, y veo a mi abuelita, a mi madre
y a mi padre ya fallecidos que me llaman, y se ven sonrientes,
y el Ángel me dice, ahora vas a hacer feliz a su lado,
Tú ya no vas a sentir dolor, ni tristeza ni miedo
Porque también Dios te está esperando
Y así me fui, con una sonrisa en los labios

LILY TU ANGEL

LILY TU ANGEL

La Semilla De Amor

Voy a dejar mi cuerpo libre, para que mi espíritu
pueda emprender una Aventura
Mi alma va a estar en paz, esperando la voluntad de Dios
Voy a abrir mis alas, y voy a volar alto, hasta llegar a la presencia Divina
De mi padre Dios
Él me va a dar una semilla y luego voy a volar
hacia abajo, hasta llegar al fondo de tu
Corazón, hasta lo más profundo de tu alma, hasta encontrar tu verdadero Tu
Y ahí voy a colocar la semilla.
La semilla del Amor, la cual va a crecer dentro de
ti, para eso vas a tener que cuidarla
Siguiendo los siguientes pasos, que te van a llevar
al camino de la verdadera felicidad
1. Mira tu persona, Tu eres una persona divina, eres hijo de Dios. Ama tu
persona, Tú puedes ser todo lo que quieras ser, tu puedes tener todo lo
que quieras tener. Tú poses todo lo que Dios tiene. Amate a ti mismo
2. Mira a tu alrededor, todo lo que tu vez está hecho por Dios para Ti,
el sol, la luna, las estrellas, ve a las personas que están alrededor de
ti, las personas que realmente te aman, tu familia, tus amigos, cualquier
persona que te amé.. se bueno con ellos, dales amor, empieza a apreciar
hasta las cosas más pequeñas y darles amor, sin que lastimes a nadie
3. Lo más importante, Cierra tus ojos, y siente la
presencia de Dios dentro de ti. Esta
dentro de la semilla que él te dio, y deja crecer el amor, la
semilla que te dio.. Amate a ti mismo, de la misma manera que
amas a Dios. Tú eres uno con Dios. Él te hiso a Ti como es El
Y vas a encontrar la luz de la verdadera felicidad y vas a
ver felicidad en todos lados en cada pequeña cosa
Ahora vas a ver y pensar con amor y vas a tener mucho amor para dar
Y yo, yo no importó, yo solo soy un mensajero de Dios
Y pronto tengo que regresar a su presencia
El amor es puro, el amor es Dios

No Se Puede Volver A Empezar

Cuando termina una relación, no se puede volver a empezar

Y más cuando lo que termina era Tu Ilusión, Tu sueño, Tu felicidad

Abecés puedes pensar o soñar que puedes empezar de Nuevo

Levantar lo que se calló, empezar a construir, lo que ya tenías construido

Y quisieras tener fe

Y de pronto abres tus ojos, y vez la realidad

Te das cuenta de que ya no existe lo que un día existió

El amor... Y sin eso no se podrá empezar de Nuevo

También la confianza que un día pusiste en ese amor

Es ahora la desconfianza la que más te aleja

Por eso no voy a pensar

En lo que no puedo empezar

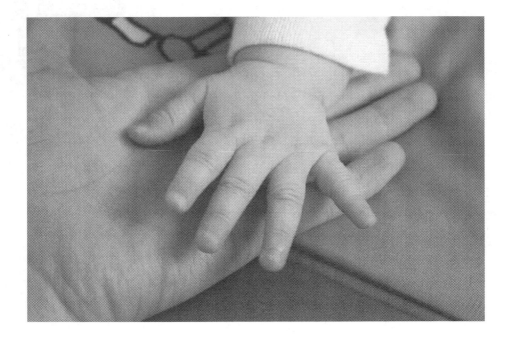

Un Ángel Chiquito

Soy el ángel más chiquito que tiene Dios
El que día a día va creciendo a través de el
De sus enseñanzas, de sus pruebas
Cada día, cada hora aprendo algo Nuevo
Y cono ser humano sigo cometiendo errores...
Ahí tantas cosas que tengo que aprender
Que siento que voy creciendo muy despacito
Cuando siento que ya aprendí mucho es cuando me
Doy cuenta de lo mucho que me falta por aprender
Cada prueba que Dios me pone, siento que la paso
Con más esfuerzo, y no porque cada prueba sea más dura
Si no que ha beses pienso que ya no puedo mas
Dios ya me mostro el camino hacia la luz divina
Y eso me ayuda y me da más fuerzas
Para seguir luchando, y como un Ángel guerrero
Vencer todas las pruebas
Porque Dios quiere que este Ángel chiquito
Crezca y sea uno de
Sus mejores guerreros

Mi Mensaje

Siento mucho que no me entiendas
Que no captaras el mensaje de mis palabras
Quise tocar tu Corazón, y toque tu orgullo
Quise encontrar tu amor y encontré tu coraje
Quise enseñarte el camino y me encontré con obstáculos
Quise poner luz en tu alma y tú lo opacaste

Ahora tu sola tienes que encontrar tu camino
Y salir de la oscuridad
Pon tu mano en tu Corazón
Mira hacia arriba
Para que no te sigas perdiendo
Recuerda mis palabras, capta el mensaje
De estas, y pronto encontraras
La respuesta que te dará felicidad

Cuida A Tu Amigo

Ten mucho cuidado cuando alguien te diga que te quiere, que
está enamorado de ti, y tú no sientes lo mismo por él.
Se sincera, y dile tus sentimientos, dile que tu no lo quieres,
que tú quieres a otra persona; pero no lo ilusiones
Él te sique hablando pretendiendo ser tu amigo, para
estar cerca de ti, y cuando él te visita siempre te trae un
regalito, con la esperanza de que tú te fijes en el
Y tú en vez de retirarte de él, de su Amistad, porque tú ya conoces sus
sentimientos hacia ti, a ti te gusta que el este ahí, por el ego que sientes
porque él te quiere, y te da regalos y eso a ti te hace sentir bien
El aunque tú no le des esperanzas, con solo estar cerca de ti ya
es feliz, cada día sueña más contigo, se imagina estar contigo, y
cada día sin que tú te des cuenta, él se enamora más de ti
Tú no te imaginas el daño que le estás haciendo, aun mas si él te
ve con tu movió, que sales con él, y si él te pregunta si quieres a tu
novio y tú le dices que sí, que eres feliz con él y le cuentas de tu
relación porque piensas que el con verte a ti feliz, él está bien
Ten cuidado, porque él está enamorado de ti, y
lo que él ve es que otro tiene tu amor
Ahí el empieza a preguntarse, porque tu no lo quieres a él, que tiene tu
novio que él no tiene, y así se va metiendo miles de ideas en su cabeza
Y es tanto el amor que él te tiene, que ese
muchacho no puede vivir más sin tu amor
Y se suicida
Y aunque el mundo entero te diga a ti que no es tu culpa, porque tú no le
diste nunca esperanzas, con aceptarlo cerca de ti sabiendo de su amor por
ti, tú ya lo estabas dañando, y cuando te das cuenta,....ya es muy tarde
Ami me paso

LILY TU ANGEL

Siempre Di Lo Que No Te Gusta

Cuando una pareja se casa, se juntan con el deseo que sea para toda la vida
Pero tristemente vemos que al poco tiempo los problemas empiezan a llegar
Uno de nuestros grandes errores que cometemos es desde un principio
que empieza uno a conocer a la pareja, es que no somos honestos
Si te preguntan coma va tu noviazgo? Tú dices yo
confió en mi pareja, pero en realidad es así?
Tener confianza no es nada más saber que esa persona no te va a engañar
con otra, confianza es abrirse a la persona, decirse todo lo que sientes
Pero vamos a empezar con lo más básico, cuando platicas con tu novio, y
dice malas palabras, y a ti no te gusta que él hable así, cuando comen,
el mete las manos a tu comida, y a ti te molesta eso, no te gusta cómo
trata a su familia o a la tuya, o no te gusta cómo se refiere a tus amigos,
o simplemente no te gusta cómo se esa adueñando de ti, quiere todo a
su manera, o toma mucho... Bueno podría ponerte miles de ejemplos
La mayor parte de todo esto que vemos que no nos gusta, no se lo decimos!!
Pero, por qué?
Porque no le damos importancia, porque pensamos que va a
cambiar, porque tenemos miedo que se enoje y no nos hable
más, y todo eso no lo callamos y así nos casamos
Al principio puro amor, como dicen, todo color de rosa, pero cuando pasa
el entusiasmo y empieza la rutina, es cuando empezamos a decir lo que no
nos gusta, y a la pareja no le gusta oírlo, porque queremos seguir así,.
Te acuerdas, así lo conociste, Pero ahí ya empiezan a pelear y discutir por
cosas que no les gustan de uno a otro, y es el principio del gran final
Muchas, personas no se dan cuenta que para eso es el noviazgo,
para conocerse uno al otro, para ver sus diferencias, no solamente lo
que tienen en común, para ver si podemos ponernos de acuerdo en
las cosas que no nos gustan y nos molestan, antes de vivir juntos
Porque aun así, en el matrimonio siempre va a tener sus subidas y
bajadas, porque dos personas no piensan todo el tiempo lo mismo
Pero si desde un principio nos conocemos bien, sabiendo lo que nos
gusta y lo que no, lo pudimos trabajar juntos, por lo menos se evitarían
la mitad de los futuros problemas y la relación duraría más

También ha beses tenemos dudas en el noviazgo, hay algo que
quieres saber pero no te animas a preguntar y cuando te das cuenta
que era la respuesta a esa duda, o que era lo que tú te imaginabas,
o peor que era algo malo, ya es tarde, porque ya te casaste
Por eso, siempre se honesto desde el principio de tu noviazgo
Muchos dicen que es la comunicación, pero ha beses la
comunicación trae mentiras, y la honestidad no
Siempre hay que decir lo que nos gusta y lo que no nos gusta
Y si no te gusta, pues todavía estas libre de conocer
a otra persona con la que puedas
Tener los mismos gustos
Y así tendrás más posibilidades de formar una bonita familia
No crees

Vivir

Te has preguntado para que quieres vivir
Para despertar cada amanecer y ver un Nuevo día
Para empezar a caminar sin saber que esperar
Para reír o llorar
Para amar o para sufrir
Para tratar de imitar a alguien, o para ser tu
Para caer y levantarte, o para quedarte abajo haciéndote la victima
Para dar sin importante quedarte sin nada
O para tener riquezas u no tener con quien compartirlas
Para dar un abraso y un beso
O para ser humillado y despreciado
Para tener una ilusión y vivirla
O para tener una decepción y sentirla
Para dar amor y ver una sonrisa
O para odiar y conocer la amargura
Para querer huir y perderte
O para salir y encontrarte a ti mismo
Para vivir tu verdad o para vivir tu mentira
Para ver llegar la noche y dormir para tener un mundo de
Sueños y hacerlos realidad
O para querer morir y terminar
O para querer vivir y Vivir

LILY TU ANGEL

Para Mis Hijos

Mis angelitos... Vean a su alrededor y vean que
bonita es la vida. Véanse a ustedes mismos
Están hechos de una sola pieza, únicos, cada uno es diferente a los demás
Tienen sus propios gustos, sus propios deseos, sus propios planes
Sean así siempre, independientes, nunca traten de ser
mejores que otros por envidia, por egoísmo, sean lo que
quieren ser porque de verdad así lo quieren
Den lo mejor de ustedes, hagan las cosas con
amor, con humildad, con una sonrisa
No se dejen influenciar por lo que otros quieren
Ustedes son dueños de su ser, ustedes son uno, uno con Dios
Con él, es con el único que tienen que quedar bien y siempre van a sobresalir
Y siempre van a ganar
La envidia, el egoísmo, el ser avaro, te va a dar,
sí, pero no van a ser feliz, porque
Olvidaron el amor para obtener lo que quieren
Sean felices, sean ustedes mismos, den lo mejor de ustedes,
tengan todo lo que quieran tener, y luchen, que la vida les dé
una sonrisa y no dejen que la vida se ría de ustedes
Den amor y van a obtener todo lo que desean, sean agradecidos
a la vida, a Dios y él siempre lo va a compensar
Sean positivos y siempre tengan fe, y échenle muchas ganas
No le teman a nada y a nadie, recuerden que el temor, es su peor
enemigo, sean valientes que Dios y los Ángeles siempre estarán con
ustedes para cuidarlos, protegerlos y para iluminar su camino
Los amo mucho, mucho, mucho

Mi Amor Por Ti

Mi amor por ti no tiene final

Cando el amor que sientes por mi termine

Mi Corazón se va a morir

Mi amor por ti, es tan grande

Que mi vida se va a terminar el día

Que tú me digas que ya no me amas

Mi alma es tuya, mi vida es tuya

Necesito tu amor para vivir, para respirar

Para reír, para soñar, para ser feliz

Nunca me dejes de amar

Porque te amo demasiado

LILY TU ANGEL

Dios Me Volvió A La Vida

Dios me volvió a la vida, y ahora más que nunca me siento tan extraña
En esta que es mi nueva vida
Es más frágil que antes cono si un pedazo de mi alma no está conmigo
Como si una parte de mí se quedó con Dios
Ahora siento que debo dejar todo mi pasado atrás
Romper con todo lo malo que me encadenaba a el
Hay cosas buenas y bellas que vienen en camino
Siento una gran energía y una luz dentro de mí
Yo sé que Dios me va a dar la oportunidad de ser feliz
Ya que nunca supe de felicidad en el pasado
Para eso necesito dejar lo malo atrás
Voy a empezar mi nueva vida con mucha paz en mi Corazón
Toda esta luz que ahí dentro de mí
Es la luz que Dios me envía para seguir
Un Nuevo camino

En El Fondo Del Cielo

Cuando veas hacia el cielo, mira lo azul y transparente y lo infinito que es
Cuando mires hacia el fondo de tu Corazón
Mira lo hermoso y lo transparente que puede ser
En el fondo del cielo no hay nada feo, nada malo
Solo esta lo más hermoso de la existencia
Dios y los Ángeles
Y las almas más limpias y hermosas
Que Dios tiene a su lado
Ve hacia el fondo de ti, de t usar, de tu Corazón
Desecha lo malo, los corajes, las envidias, los temores
Los odios, y llénalo de compasión, de perdón
De gratitud, y sobre todo de amor
De ese amor limpio y puro, el que Dios nos dio
Porque cuando uno da amor, amor recibes
Ve hacia el fondo del cielo
Y luego al fondo de tu Corazón
Y veras los sentimientos lindos que encontraras

Deseo

Deseo que siempre estés a mi lado, que nadie te aparte de mí
Que en cada instante de tu vida pienses en mí
Deseo que sientas la calidez de mi cuerpo a tu lado
Que cuando respires, sierres los ojos y huelas el olor de mi piel
De mi cuerpo
Deseo que recuerdes cada caricia que te doy, que sientas mis besos
En todo tu cuerpo
Deseo, que recuerdes cada minute que pasamos juntos
Cuando parece que las horas son como minutos
Deseo que siempre sientas esa felicidad al estar conmigo
Para que siempre quieras estar a mi lado
Deseo que siempre me trates con esa ternura que me envuelve
Cuando me abrazas, me besas cada parte de mi cuerpo
Que solo tú me sabes dar
Deseo que entre más pase el tiempo, más ganas tengas de
Estar conmigo, que cuando te acuestes en las noches me
Visualices a tu lado y que suenes en los momentos que
Somos felices
Deseo que Dios cuide nuestra relación hasta que el
Decida nuestro fin
Deseo que mis deseos se cumplan

Me Deje Llevar Por La Corriente

El rio se ve tan lindo, su agua es limpia y cristalina, y yo aquí parada
contemplando su corriente, sus cascadas, la rapidez que su agua fluye
Me da miedo meterme al rio, pensando que pueda ahogarme
Pero si no me aviento al agua, nunca voy a
saber lo que es estar en el rio, en el
Agua, que es la vida misma
Y de pronto me deje caer al rio
Empecé, a gozar de su agua, limpia y cristalina
Y me deje llevar por la corriente
Me sentía feliz, hasta que caí en sus cascadas envolviéndome
En sus Fuertes remolinos
Pero yo seguí, dejándome llevar por la corriente
Tropecé con grandes piedras, que me ataron, me golpearon
Pero yo luche y Salí, y me deje llevar por la corriente
Luego vino una gran tormenta, el agua parecía haber enloquecido
Y me hacía enloquecer a mí también, grite, llore, pero luego el agua
Calmo y me calmo a mí también
Y seguí, dejándome llevar por la corriente
Hasta que la corriente me llevo a una orilla, donde me esperaba un
Hermoso jardín, con el sol resplandeciente, y comprendí que si no ve hubiera
Dejado llevar por la corriente de la vida, luchando sin temor
Nunca hubiera llegado a esta orilla
La orilla del paraíso eterno

Te Vi Partir

Hoy sentí en mi Corazón una luz radiante
Y sentí la necesidad de abrir mi Corazón y dejarte ir
De cortar las cadenas que me ligaban a ti
Y te vi partir
Vi mi mano tocando la tuya a través de un cristal
Y vi como lentamente se iban separando
No sentí la necesidad de retenerte, ni de llorar por ti
Es mi destino que te aleja de mí
Ya mi pensamiento, no quiere pensar en ti
Ni mi cuerpo de desea a mi lado
Ahora tú me vas a buscar, y ya no me vas a encontrar
Ya el tiempo que tenía designado para ti
Se termino
Y lo sé porque mi Corazón no te extraña
Ahora todo lo voy a ver y a recordar
Como un lindo sueño, que ya paso
Porque mañana esta luz radiante va iluminar mi camino
Para vivir otro sueño
Y tú siempre pertenecerás en mí
Como un sueño que ya paso

Siempre Voy A Estar A Su Lado

Tengo el presentimiento de que pronto voy a partir, ya Dios me quiere llevar
No tengo miedo irme, porque me siento en paz
Dios está conmigo, solo le pido que si me lleva
cuide a mis hijos que se quedan aquí
Que los proteja, y que no deje que la vida los
lastime tanto como me lastimo a mí
Y que sepan que yo siempre los voy a cuidar,
porque siempre voy a estar a su lado
Voy a ser su ángel, nunca los voy a dejar
Yo se que
Dios me va a dar esa misión, de siempre estar a su lado
No quiero que estén tristes por mí, que no me lloren
Que a lo contrario, que sean felices, porque su mama está en el cielo con Dios
Quiero que sean como siempre los ensene, que sean Fuertes, independientes,
Que no le teman a nada, y que luchen por lo que quieren
Que si la vida los tumba que se levanten con más coraje para seguir adelante
Recuerden que siempre estarán protegidos por Dios
Porque al igual que su mama, ustedes son angelitos
Que Dios los bendiga, ahora y siempre
Mis cuatro hijos, mis angelitos

Y Pienso....

Las palomas vuelan hacia el cielo, las veo desde mi ventana y pienso...
Yo también quiero volar, volar lejos, volar alto
Hasta llegar al cielo
Veo las palomas que se juntan, y sus cuellos se entrelazan
Encuentran el amor, y pienso....
Quisiera encontrar una persona que me ame de verdad
Y que me abrase muy fuerte
Veo las palomas que vuelan, se juntan unas con otras llenas de armonía
Parece que juegan entre sí, y pienso....
Como me gustaría que esa armonía existiera en mi familia
Y que siempre fuéramos felices
Veo las palomas que bajan y toman agua, agua sucia y pienso....
Porque nuestro mundo es tan sucio, porque no lo purificamos
Y nos ponemos a limpiar las impurezas
Veo las palomas que vuelan llenas de paz y amor
Y pienso...
Porque no puede haber paz y amor entre nosotros
Por eso al igual que las palomas, quisiera volar
Volar alto hacia el cielo

Deseo Estar Cerca De Dios

Estuve con Dios de Nuevo, y al sentir su calidez quise quedarme a su lado
Me dijo que todavía no era tiempo, que ahí algo más que tengo que
Terminar aquí, y me volvió a la vida
Lo quise intentar de Nuevo y me volví a ir con el
Se sonrió y me dijo, mi ángel travieso, y ate quieres quedar aquí
Pero aun te necesito allá en la tierra
Tienes que terminar una misión que te voy a
Encomendar
Eres un Ángel Bueno, bondadoso y das mucho amor
Aunque sea a costa de tu tristeza
Pero tú vas a haber que toda esa tristeza
Va a ser felicidad, aunque hasta hoy no la conozcas
Y una vez más aquí estoy
Con el amor que me fortalece y que Dios me dio
Para entregar a los demás
Es tan bello ser un Ángel, pero más bello es estar cerca de Dios
Que es lo único que deseo en estos momentos

LILY TU ANGEL

Cuando Sentimos Dolor

El dolor que tú nos das, las penas, los sufrimientos, es una de las cosas
que ha beses no entendemos el porqué, el porque nos pasa, porque
tenemos que sentir esto, porque tenemos que llorar, porque sentimos
que algo nos duele hasta lo más profundo de nuestra alma
Y todo esto es lo mejor que tú nos das, porque
es cuando más nos acercamos a ti.
Bendito el dolor que me pone en tus manos para que me consueles
Por medio del sufrimiento, de las penas, del
dolor aprendemos a valorarnos más
A valorar más la vida
Aprendemos a ver nuestras equivocaciones y los errores
que cometimos con nuestros semejantes
Nos ayuda a arrepentimos si es que hicimos un mal
Y nos da fortaleza para perdonar a los que nos hicieron un mal
Cuando sufrimos, lloramos, vemos la vida de diferente manera, porque
cada golpe, cada caída cada sufrimiento, nos da una lección, nos da
Fortaleza, valentía y más confianza en nosotros mismos, y bien dicen
Dios no nos va a dar más dolor del que no podamos aguantar
Y eso es cierto, porque en primer lugar, él no nos da ese dolor,
nosotros mismos no lo provocamos con nuestro comportamiento
Y es este gran dolor es que nos acerca más a ti porque te pedimos, que
nos ayudes a superarlo, que nos consueles que nos protejas, que nos des
fuerzas para superarlo y que nos alivies de esto que nos hace tanto llorar
Y como buen padre, nos acoges en tus manos, nos
consuelas y con tu gran amor nos alivias
Gracias padre por darme entendimiento

LILY TU ANGEL

Voy A Ser Tu Ángel

Voy a ser tu ángel, siempre voy a estar a tu lado para protegerte y cuidarte
Voy a proteger tu Corazón, y tu cuerpo, con mi amor
Voy a proteger tu espirito y tu alma, tomándote
de tu mano y acercándote a Dios
Siempre que me necesites te voy a abrazar, para
que me sientas y nunca te dejare sufrir
Te voy ayudar a resolver tus problemas, y para que no te metas en ninguno
Siempre te voy a consolar, y secar tus lágrimas, y voy a estar en tus
momentos felices y te hare reír, siempre que me llames estaré a tu lado,
te escuchare, y te guiare por el mejor camino, nunca más estarás solo
Cuando tengas miedo a la oscuridad te daré luz para
iluminarte y siempre vamos estar conectados por la luz
Siempre voy a despejar tus dudas, cuando tengas
que escoger entre el bien y el mal
Nunca me vas a buscar, porque siempre me vas a encontrar
Voy a vivir para ti como un Ángel
Tu Ángel

LILY TU ANGEL

Entrégate A Tu Vida

Siempre viste a otras personas, te gustaba saber todo sobre ellas
Que si se pelearon, que si compraron carro, que comen como visten
Bueno tu sabias todo
Siempre atenta en las vidas de otras personas
Y sin embargo nunca te fijaste en tu vida propia
Y la descuidaste, viste la felicidad en otros, pero no en ti
El tiempo que Dios te dio para vivir
Lo desperdiciaste viviendo vidas ajenas
Nadie te quiso de verdad, nadie quiso estar a tu lado
En cuanto te veían y te oían, hablar de otras personas
Y estar en otras casas descuidando la tuya, te abandonaban
Por un tiempo gozaste tu soledad, pero ahora estas
Enferma, descuidada, sola, porque ya te sierran las puertas
Donde quiera que vas
Ahora te arrepientes de no haber gozado tu vida
De no haber sabido ser feliz con los tuyos
De no haber dedicado tu tiempo a ellos y a ti misma
Pero si te das cuenta, todavía te queda tiempo
Busca la felicidad, entrégate a ella, vive tu vida
Y no la de los demás

Mi Oscuridad

Porque cuando era niño me encerrabas en un cuarto oscuro
Tu sabias que a mí la oscuridad me daba mucho miedo, pero esa era tú
Manera de descansar de mí
Sin importarte mi temor
Tú nunca te pusiste a pensar el daño que me hacías al encerrarme en esa
Oscuridad
Yo gritaba, lloraba, serraba mis ojos, porque cuando los abría
Siempre con mi imaginación veía cosas, oía voces que me hablaban
Y eso me asustaba más
Muchas veces con el miedo me desmallaba, y tu
decías que me quedaba dormido
Esa forma de castigarme me hiso rebelde, me hiso ser una persona sin miedo
Y hasta me hice amigo de la oscuridad, la cual tú me diste
Tuve más oscuridad en mi vida que amor
Ahora te arrepientes de ver esta oscuridad en mi alma
Con la cual juego y me divierto haciendo el mal
Ya no me puedes enseñar el amor, tu amor
Yo soy lo que tú sembraste, lo que día a día cultivaste
No creo que mis travesuras de niño, merecieran tanto castigo
Ahora no me pidas que sea lo que no puedo ser
Que sienta, lo que no puedo sentir, que haga lo que no se hacer
Porque eso no me lo enseñaste, nomás pregúntate, como te puedo amar
Si nunca me amaste

Empiezo A Vivir

Gracias Dios mío, Porque al empezar a vivir de Nuevo, siento
esta paz, este deseo de perdonar a todos los que me hacen mal.
Aunque a beses no entiendo porque no me dejaste allá contigo
Al volver me di cuenta de muchas cosas que al momento me han dolido
mucho, me han hecho llorar, porque han lastimado mucho mi Corazón.
Mi amiga me traiciono, la persona que quería mucho me abandono, y
alguien de mi familia me lastimo, y hasta el momento me siguen lastimando.
Gracias Dios mío por estas pruebas, que aunque en su momento me lastiman
y me hacen llorar porque duelen mucho, yo estoy contigo. Padre mío,
estoy en tus manos, tu eres mi guía, eres mi maestro, y yo confió en ti, yo
sé que voy a pasar por más pruebas, pero tú me das Fortaleza me das
paz, tu luz para seguir adelante, guíame padre mío para hacer el bien
Para que yo no lastime a nadie.
Gracias por la bondad y el amor que me das y
por tus enseñanzas. Porque yo solo soy
Un instrumento tuyo, para ser el bien
Gracias por tenerme en tus brazos, en tus manos, y por toda mi familia
Tu Ángel que quiere ser digno de ti

Mi Fantasía

Viví una fantasía, viví una ilusión, la fantasía que por fin había
encontrado un hombre que me amaba de verdad.
La ilusión de pensar que iba a vivir con él, que me iba a amar
todos los días, que me iba a cuidar, que me iba a ser feliz
Todos mis sueños parecían convertiste en realidad,
parecía que era el hombre perfecto
De verdad, era un sueño maravilloso, él me decía todos los días que me
amaba, que yo era la mujer de su vida, su reina que me iba a cumplir todos
mis deseos, que nunca me iba a engañar y que nunca se iba a separar de mi
Era una linda fantasía, ver como cada noche no se iba
a dormir sin decirme cuanto amor sentía por mí
Me mandaba hermosos poemas, que según el escribía, en
los cuales describía todo el amor hacia mí, de sus promesas
y de todo lindo que iba a ser nuestro futuro
Todo era un sueño del cual no quería despertar
Ha beses me entregaba por complete a esa ilusión, y me ponía
muy romántica con él y le decía que lo amaba mucho
Era el sueño que toda mujer desea tener, sentirme tan
amada, como nadie me lo había hecho sentir, tan romántica,
tan apasionado, me hablaba con una dulzura
Era mi hombre ideal
Ahora no quiero ver mi realidad, quisiera siempre
estar en este sueño y nunca despertar
Vivir para siempre esta fantasía
Mi fantasía de Amor

Gracias

Gracias por enseñarme a ver con tus ojos
A oír con tus oídos
Hablar como tú hablas
A sentir con tu Corazón
A reaccionar con compasión
A sentir y a dar cada momento amor
Por guiarme a seguir el camino correcto
Por tu sabiduría para ayudar a los demás
Por la enseñanza que cada día me das a
Través de ti, y todo lo que me rodea
A través de cada persona, que al mirar sus
Ojos te veo a ti
Gracias porque nunca siento temor
Porque siempre me tienes en tus manos
Gracias por permitirme crecer día a día
Atreves de ti

LILY TU ANGEL

Hombre o Macho

Se dice ser un macho, cuando presume de tener muchas mujeres
Un hombre, tiene solo una mujer, y la respeta con amor
Se dice ser un macho, cuando llega a su casa borracho, y
se va a dormir sin importarle lo que pasa en su casa
Un hombre, su mayor preocupación, es lo que pasa en su casa
Se dice macho, cuando grita y maltrata a su mujer
Un hombre, tiene una bonita comunicación con su mujer y así se comprenden
Se dice macho, cuando golpea a su mujer y a
sus hijos sin importarle lastimarlos
Un hombre, sabe que su mujer y sus hijos son más
débiles que él, y siempre los protege
Se dice ser un macho, porque en la intimidad con su mujer solo
busca su propia satisfacción sin importar el sentir de su mujer
Un hombre, primero busca satisfacer a su mujer para el sentirse satisfecho
Se dice macho, porque los fines de semana se los
dedica a sus amigos para tomar y divertirse
Un hombre, le dedica los fines de semana a su
familia conviviendo y llevándolos a pasear
Se dice macho, porque ensena a su hijo joven a tomar y llevándolo
con mujeres fáciles para según el aprenda a ser hombre
Un hombre, educa a su hijo joven de los peligros
que ahí con el alcol, drogas y sexo
Se dice macho, porque en su casa tiene a su mujer como
monja, y se divierte con las mujeres en la calle
Un hombre, se siente orgulloso de mostrar a su mujer bien arreglada y bonita
Se dice macho por que el no ayuda a su mujer en la casa,
no es romántico porque según el luego se acostumbra
El hombre, comparte los quehaceres de su casa, es detallista
con su mujer y siempre le dice que la ama
Y tú que eres? Hombre o Macho

Todo Parece Igual

Todo parece igual, pero no lo es, todo es tan diferente,
mi casa es más grande pero más vacía
Ya no escucho las risas de mis hijos, la sensación
de armonía de antes ahora es de paz
Todo se ve limpio y ordenado, se extraña el desorden que
solía haber, los juguetes tirados, las caricaturas en la televisión,
y todo lo que en la casa hacía sentir su presencia
Ya crecieron, a no están aquí, si ellos supieran como los extraño
Que cuando vienen a visitarme, quisiera retenerlos
Ahora, ya no les puedo hacer cariños, abrazarlos
y besarlos, como cuando eran pequeños
Porque dicen sentir pena que los demás vean
Me falta su presencia,
Ahora puedo ver la televisión sin que ellos me quiten, puedo
dormir hasta tarde, porque no me despiertan sus ruidos
Cuando salgo a las tiendas puedo pasar largo tiempo,
porque ellos ya no están para decirme ya vámonos
Mi cocina siempre está limpia, ya no están entrando y saliendo
comiéndose todo lo que había, ahora ahí comida de sobra
Ahora ellos son grandes, formando su propia
familia y me siento feliz por ellos
Solo le quiero decir que los extraño día a día
Que Dios los bendiga

LILY TU ANGEL

Carta De Un Enfermo De Un Hospital

Hace tres, meses tuve un accidente, todo ha pasado tan rápido,
que aun siento que todo esto es un sueño, o una pesadilla
Me hicieron una cirugía en la cabeza de la cual no Salí bien,
pues me quede en un estado que lo llamas semi-comatose
Este es el tercer hospital que estoy, y pienso que será el último,
ya que aquí se especializan en enfermos como yo
Estoy paralizado de mi cuerpo, solo puedo oír y ver,
no me puedo comunicar de ninguna manera.
Estoy en un cuarto con otras dos personas, ha beses escucho la
radio o un televisor, hay días que el sonido es bastante alto que
me molesta ya que ha beses es sonido es de día y de noche, no
me puedo dormir y me causa fuerte Dolores de cabeza
Vienen personas a verme, unas me dan medicina, otras me mueven mis
pies y manos, otros me curan mis heridas que se me hacen en mi cuerpo
por falta de movimiento, también hay quien me asea diariamente
La mayor parte me asustan, porque llegan, me mueven sin
decirme nada, y yo no sé lo que me va a pasar o que me
van a hacer, y eso me hace temblar por dentro
Yo tengo sondas en mi cuerpo, una en el estómago, para
alimentarme, otra en mi parte intima para orinar y otra la
principal, en la garganta, que me ayuda a respirar
Muchas veces cuando me mueven me lastiman mucho, si tan
solo sintieran un poquito de dolor que me provocan cuando
no son cuidadosos con los tubos, serían más cuidadosos
Muchas veces siento que mi Corazón llora de tristeza, la
vida me ha puesto muchas pruebas y esta es la peor
Mi familia ya no se acuerda de mí, vienen de vez en cuando, me revisan
mi cuerpo, van y se quejan si ven algo mal en mí, luego se van
No saben lo que en realidad necesito es su amor

Aquí hay pocas personas que me hablan bien, y hasta
me tratan con cariño, y ellos me hacen sentir bien
Pero otros me tratan como si fuera un muñeco de trapo, los escucho
cuando hablan de mí, se enojan cuando hago mis necesidades y
me tienen que limpiar, se burlan de mis partes privadas, muchos
cuando me dan un baño lo hacen con agua fría o muy caliente
Ami me da mucha pena cuando me desnudan y ahí varias personas presentes
que me están viendo no se preocupan de tapar mis partes privadas
Ya perdí mi dignidad, mi orgullo, y todo lo que era yo
Quisiera gritarles, soy un ser humano igual que ustedes,
fui igual que ustedes, y puede ser que un día alguno de
ustedes o un familiar de ustedes este en mi situación
Todos los días lloro por dentro, siento mi Corazón
y mi alma llorar, sin poder hacer nada
Me gustaría decirles, que ahora ustedes son mi
familia, porque dependo de ustedes
Ustedes me cuidan, me alimentan, están al pendiente de mí, de mi salud
No creen que ya son parte de mi familia?
Solo les pido, un poco de compasión, de amor
Véanme como yo los veo a ustedes
Como parte de su familia

Su paciente

Dedicado para todos los que cuidan enfermos

LILY TU ANGEL

Hay Que Estar En Armonía

En nuestra vida diaria convivimos con el mismo grupo de
personas, en el trabajo, en la escuela y en nuestra casa
A estas personas aprendemos a conocerlas diariamente, sabemos
cómo son, como se desenvuelven, como actúan y mucho mas
Porque aunque sean del trabajo o de la escuela, ya parecemos
familia, porque convivimos con ellos diariamente
Lo triste es que siempre hay problemas y muchos no se la llevan bien
Algunas personas se creen más que otras, envidian, se quejan
de todo, y de todos, quieren poner sus reglas, hablan de
otras personas y las ponen en mal, mienten intrigan y Bueno
ahí quienes no son felices ni quieren que otros lo sean
Tenemos que aprender a respetar, y no ver los errores
de otros, si no ver nuestros propios errores
Si vez en otra persona algo malo, mejor aprende para que tu no lo repitas
Si te crees que tú sabes más que los demás,
ensena y ayuda a los que no saben
Si no te gusta que otra persona tenga más,
esfuérzate que tú también puedes tenerlo
Porque así como tu vez lo malo de otras personas, esas otras ven lo malo de ti
Hay que aprender a convivir con los demás, estar en armonía
Podemos hacer la diferencia, un ambiente con armonía atrae paz
Y todos vamos a ser felices

Mi Corazón Llora

Mi Corazón tiene tantas ganas de llorar
No puedo Calmar su llanto
No entiende, porque siendo un Corazón
Tan noble, lleno de bondad
Lo lastiman tanto
Solo da amor
No quisiera ser tan sensible, a las cosas
Que causan dolor
Pero cada día, cada minuto
Es más sensible y transparente
Quisiera que todo fuera diferente
Que todo fuera lleno de amor
Pero cada día todo es peor
Por cada bien, recibe un mal
Cuando da amor, recibe desamor
Cuando es bondadoso, recibe ingratitud
No lo entiendo
Me siento contenta cuando rio, bailo
Cuando hago bien a los demás
Pero ahora solo quiero llorar

LILY TU ANGEL

Un Ángel En El Mundo

Tú sabes a que vienen los ángeles al mundo?
Porque Dios manda ángeles a través de los humanos?
Porque un ser humano es ángel y no te das cuenta? Cuál es su misión?
Su misión es enseñar el amor divino, el amor universal, pero para eso
el ángel tiene que sufrir mucho, porque a través de él, las personas
se dan cuenta del daño que hacen cuando lastiman a alguien, y
reflexiona pidiendo perdón y también cambian su manera de ser
Porque se dan cuenta que lastimaron a una
persona Buena, que no se lo merecía
Los ángeles vienen a enseñar a dar amor a todas
esas personas que no saben darlo
Ahí ángeles que también quieren enamorarse y sufren
porque no logran que nadie se enamore de ellos
Porque un ángel viene a enseñar, a sufrir, no se puede enamorar porque es un
ángel de Dios, solo tiene que dar amor sin esperar amor de pareja a cambio
Dios es amor, por eso un ángel viene a buscar en cada persona a Dios
Y lo encuentra a través de la alegría, de una sonrisa de
las personas que hacen el bien sin dañar a nadie
Muchos ángeles sufren por que solo reciben odio, desamor,
traición muchas otras cosas malas que las personas les hacen
Pero cuando esas personas se arrepienten y cambian su actitud
El ángel se siente contento, porque sabe que cumplió su misión
Por eso si tú tienes una persona Buena a tu lado, no la dañes
Puede ser un ángel, tu ángel

LILY TU ANGEL

El Mejor Regalo

Hoy te pedí un regalo, algo que me recordara a ti
Tú me dijiste.. Que te puedo regalar
Tú todo lo tienes, a ti no te falta nada
Yo ese día me sentía sola, un poco triste
Y sin darte cuenta, ese día me diste el mejor regalo
Me dijiste unas palabras que me hacía falta oír
Me dijiste que me amabas, que me querías ver sonriendo
Que yo te hacía falta para ser feliz
Me llevaste a pasear, compartimos tiempo juntos
Platicando, caminando, comprando cosas, riendo
Cenamos juntos, Bueno ese día me diste
Lo que en ese momento me hacía falta
Tu compañía, tu amor, tu atención
Ese día me hiciste muy feliz
Al final del día me preguntaste
Ya pensaste que quieres que te regale?
Te conteste
Este tiempo que pase contigo hoy, no lo voy a olvidar
Este es el mejor regalo que me haigas dado
Gracias, por tu amor

Las Coincidencias No Existen

Cuando conozco a una persona, es porque tu mi Dios
Me pusiste en su camino
Para que yo aprenda de esa persona o para
Ayudar a esa persona
Ha beses sé que esa persona me va a ser sufrir
Yo tengo que ser fuerte y no temer
Hasta que todo pase, ya luego me doy cuenta
Del propósito de conocer a esa persona
Y siempre Dios está conmigo, y me
Hace ver con amor lo Bueno que paso
Con esa persona
Y aunque yo haiga llorado
Al final rio, por haber conocido a esa persona
Y así me doy cuenta, que no fue una
Coincidencia

Porque Estoy Con El

Porque estoy con él, no lo entiendo, porque me esta
encadenando tanto a cosas que hacen mal, porque estoy
con él, si él me dijo que él es como el diablo
Porque me estoy envolviendo en sus problemas, que
al hacerlos míos me puede ir muy mal
Porque le doy tanto a cambio de nada, y el piensa que cuando
el da, tiene que ser a cambio de algo, porque estoy con el si él
no sabe dar amor, no sabe agradecer a nadie ni a Dios
Es su vida tan diferente, no se quiere a el mismo, no se
aprecia, dice que él no es nada en esta vida
Se encuentra atrapado en sus errores y no
puede ver la luz al final del camino
Solo le pido a Dios que me ayude a no equivocarme al querer estar con el
Porque siento que me envuelve en una gran pasión, y me estoy dañando
Quisiera enseñarlo a conocer el amor, que se dé cuenta quien es
Que vea que ahí dentro de su ser, que vea que es hijo de Dios
Y que en lo profundo de el existe amor
Porque en todo lo malo que tiene, él dice que me ama
Aunque ahora él me está dañando y me está hundiendo con el
Lo voy a enseñar a que crea en el
Y sobre todo que crea en Dios
Y así nos vamos a salvar los dos

Corresponde Con Amor

Ve todo lo malo que has hecho, de cuanto te has burlado de las personas
Que te han ayudado de Corazón, que han hecho cosas por ti
Ve la envidia, el egoísmo y los malos sentimientos hacia los demás
Ve a cuantas personas que te han amado de verdad, has hecho llorar
Ve cómo eres realmente, ve dentro de ti
Aprende a amarte tú mismo
Y así aprenderás a corresponder con amor cuando te den amor
Aprende a ser mejor amigo, y un día serás mejor esposo
Aprende a ser un buen hijo y un día serás mejor padre
Se honesto, aprende a respetar y a valorar a las personas que
Están a tu lado
Aprende a valorar la vida, porque solo tienes una
Y corresponde con amor a todo lo que la vida te da
Y siempre serás feliz

No Confundas Al Amor

La pasión, el deseo entre dos personas, porque la confunden con el amor
Cuando dos personas se desean y quieren estar
juntos, se dicen, estoy enamorado
Y cuando se aburren, cuando pasa el tiempo, ese amor se vuelve rutina
Se engañan, se lastiman, y terminan por dejarse, haciendo sufrir a la
Pareja a punto de querer morir
A eso lo llamaron amor?
El amor es el sentimiento más hermoso y divino que Dios nos dio
El cual quiere que lo compartamos con todos, porque nos dijo
Amarnos los unos a los otros
El amor es lo más puro y limpio de ser humano
El amor no puede lastimar, engañar, ni hacer sufrir al punto de querer morir
El amor se da a diario, a tus padres, amigos, familiares a tus animalitos
El amor es bondad y compasión, es querer ver felices a todos
Entonces porque confundirlo con la pasión y el deseo
Hacia otra persona, porque eso te lastima
cuando termina la pasión y el deseo
Sin embargo el amor no
Si tú amas a alguien, demuéstralo, y nunca lo lastimes

Pide Lo Que Deseas

Nadie va a querer ni desear lo que tú quieres
Tú tienes que tener fe, en lo que deseas y pides
Y no esperes que nadie comparta contigo tus mismos deseos
No porque tú quieras algo esperes que tu amigo
Esposo, u otra persona
Quiera lo mismo para ti
Tú pide, desea y ten fe
Sueña con lo que quieres
Grita lo que quieres y guárdatelo para ti
Porque a beses en vez que alguien comparta contigo
Lo que quieres, y deseas
Se burla de ti, se ríe pensando que lo pides es mucho para ti
O te digan que lo que quieres es una locura
O simplemente envidien tus deseos y no se te cumplan
Por eso, tú pide, suena y visualiza
Y ten fe
Y tus deseos se cumplirán

Perdón

Perdón, es una palabra tan Chiquita, y que significa tanto
Es una palabra que a muchos les cuesta decir
Es una palabra que te causa un gran alivio
Y te da una paz cuando la dices
Y que muchos no saben utilizar
Para pronunciar esa palabra tienes que sentirla
Te tiene que salir del Corazón
Porque cuando alguien te pide perdón y perdonas
Tienes que olvidar la causa de la cual te pidieron perdón
Puede ser una ofensa o un gran daño
Y ha beses es tan difícil olvidar, que no puedes decir te perdono
Si te es imposible olvidar solo recuerda
Dios nos enseno a perdonar
El perdono a quienes lo lastimaron y también perdono
Nuestros pecados, llenando su alma de amor hacia nosotros
Hay que aprender a olvidar, a perdonar
Hay que aprender a arrepentirnos del daño que hayamos causado
Y pedir perdón, para purificar nuestra alma
Así como Dios nos enseno, y nuestra vida se llenara de
Amor, paz y alivio interior
Pide perdón y perdona

Para Mi Hermana

Tú y yo nos parecemos mucho, a ti al igual que a
mí la vida nos ha puesto muchas pruebas
Desde muy temprana edad
Pruebas que nos han dolido mucho, que nos han hecho
sufrir, y que ha beses no comprendemos
Hemos aprendido a vivir, hasta en el peor de los infiernos
Que cosa muy mala le puede pasar a una niña, a una joven,
a una mujer, que no hayamos pasado nosotras
En cada etapa de nuestras vidas hemos pasado tremendas pruebas, que
hasta ahora, nos ha ensenado a ver la vida de otra manera, pero
tenemos algo muy bonito en común, que muchas personas desearían tener
Tenemos a Dios, que siempre ha estado en nuestra
vida, guiándonos en el camino y dándonos
Fuerzas para después de cada caída levantarnos
con más coraje, y seguir con más ganas
Nos a ensenado a ser independientes para tomar nuestras
propias decisiones, también ha visto como nos hemos equivocado
en el camino, y así hemos aprendido de nuestros errores
Nos ha dado valentía porque afrontamos todo sin temor,
y porque no nos importa apostar todo por nada.
Nos ha dado Orgullo, porque mujeres como nosotras hay muy
pocas, y porque no hay obstáculo que no podamos vencer
Nos ha dado Amor, que tenemos a las personas que nos rodean
El Amor que ponemos en cada cosa que hacemos, el amor
que se refleja en la cara de cada uno de nuestros hijos
Nos ha ensenado a perdonar, para purificarnos de odios de
rencores, a las personas que a través de nuestra vida, nos ha
dañado, que nos han hecho mal y nos han hecho sufrir
Hemos aprendido a sonreírle a la vida y a tenerle gratitud

Yo sé que hasta ahorita no hemos encontrado una felicidad plena,
porque siempre que nos pasa algo Bueno, viene algo malo
Pero ya estamos en el camino, cada día se van a ir cumpliendo nuestros sueños
Y nuestros sufrimientos se van a convertir en felicidad
Le doy gracias a Dios, porque ahora estamos más juntas que antes,
que hemos aprendido a compartir nuestras tristezas y alegrías
Le doy gracias a Dios por este sentimiento de cariño que nos tenemos
Le doy gracias a dios por unirnos en esta vida, que te
puso en mi vida por medio de nuestra madre
Y aunque de niñas siempre peleamos, quiero decirte que te quiero mucho
Y que estoy muy orgullosa de ti, por el ser divino que eres
Y estoy muy orgullosa de tenerte como Hermana

Te Extraño

Hace días que no se de ti, tengo miedo perderte
Siempre que sierro mis ojos te veo dentro de mí
Y ahora sierra mis ojos, te busco, y no te encuentro
Dónde estás?
Yo sé que no debo enamorarme de ti
Que no te puedo querer, porque nunca vas a ser mío
Pero ahorita mi Corazón quiere gritarte que te quiere
Que está llorando porque no te ve, no te siente
Un día tú apareciste en mi vida
Y yo sé que así como apareciste
Un di ate vas a desaparecer
No te voy a volver a ver más
Porque no sé dónde buscarte, y no conozco
Personas que me den razón de ti
Te extraño, porque los momentos que estoy contigo
Tú me das mucha felicidad
Pero no me puedo aferrar a esos momentos
Porque la felicidad siempre dura muy poco
Al igual que el tiempo que tengo designado para ti
Espero que este no sea el momento que ya no te vuelva a ver
Tengo que estar preparada para este momento
Y ahorita no lo estoy,,, porque te extraño

Lo Más Hermoso De La Vida

Las cosas más hermosas de la vida, son las que vez con los ojos de tu alma
El alma es la que posee el amor puro que hay dentro de ti
Búscalo, siéntelo, sierra tus ojos cuando veas un lindo paisaje
Luego búscate a ti mismo, y luego abre tus ojos
Ahora todo lo vas a ver más hermoso
Todo lo que hay en nuestro alrededor, es hermoso
Incluyendo a las personas
Si vez a una persona con los ojos de tu alma
Y vez en lo más profundo de su ser, la vas a ver Hermosa
Deja a un lado las miradas de odio, de envidia
De todo lo que no es Bueno para ti
Busca el amor dentro de ti, de las personas y de todo
Lo que te rodea
Y veras que todo lo vas a ver hermoso
Y siempre vas a ser feliz
El amor atrae amor, y lo hermoso de la vida
Se feliz....Como lo soy yo

El Fruto de tu trabajo

Eres como un árbol que va creciendo, las ramas todavía tocan el piso
Pasan las personas a tu alrededor, muchas te contemplan, pero muchas pasan
Y pisan tus ramas, sin ninguna consideración
La naturaleza te llena de amor, te ilumina con la luz del sol, te alimenta con
La lluvia, y el recio de la noche
Tú sigues creciendo, tus ramas se van poniendo Fuertes y grandes
Y las personas siguen igual, muchos te admiran
pero muchos maltratan tus ramas
A ti eso no te importa
Tú quieres enseñar tus flores, que empiezan a
brotar de tus ramas, te sientes hermoso
Pero las personas siguen igual, muchos admiran
tu hermosura, pero otros cortan
Tus flores y las tiran al suelo, sin importar lo bello que son
Pero tú sigues creciendo, queriendo enseñar, ahora no solamente tus flores sino
Tus frutos
Te sientes orgulloso por el buen trabajo que hiciste, y las personas siguen igual
Las que te admiran, cortan tus frutos, los admiran y los saborean
Y otros los cortan, los muerden y los tiran, no
agradecen todo lo que pasaste para
Obtener esos frutos tan Buenos
La vida es igual, nunca esperes que por todo lo que trabajas y aunque
sea el mejor de los trabajos, siempre va a ver personas que van admirar
tu trabajo, pero muchas aunque les hagas un trabajo especial, no te
lo van a agradecer. Solo tú siempre conserva en tu Corazón que con
esfuerzo y amor hiciste un buen trabajo, y siéntete orgulloso de ti
Y no te fijes en los que no agradezcan los frutos de tu
trabajo, solo piensa que muchos otros te lo admiraron

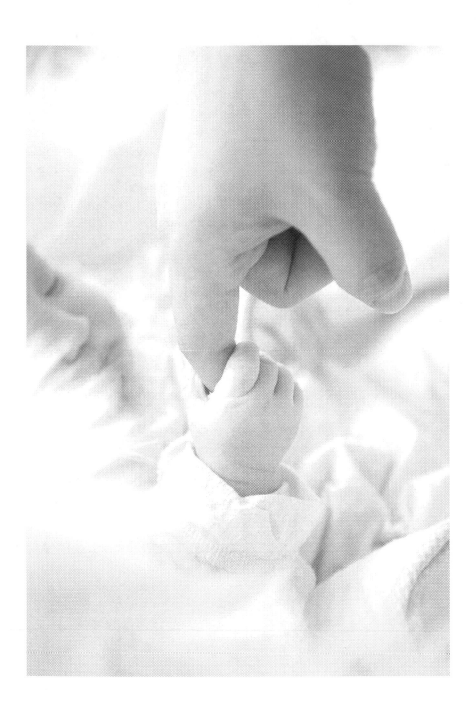

LILY TU ANGEL

Ser Mama

Mama es lo Bueno, lo cariñoso, el amor más puro, es apoyo, protección
La buscamos cuando tenemos problemas, cuando tenemos
alegrías, cuando tenemos necesidad de cariño, de llorar, de
que nos guíen, es cuando decimos quiero a mi mama
Una mama da todo para que su hijo sea feliz, se sacrifica para
darle todo lo que necesita, lo cuida, lo alimenta, lo ama
Peso también una mama se puede equivocar, cuando ella quiere ser feliz
a costa del hijo, quiere que el hijo haga todo lo que ella quiere, solo para
ella decir.. Me siento orgullosa de mi hijo, ellas le quieren ordenar al hijo
lo que ellas quieren que estudie, les escogen los trabajos, sin importar si
le gusta o no al hijo, y así ellas tomas muchas decisiones por los hijos
Una mama tiene que darle espacio a su hijo, dejarlo escoger, darle
opciones, cada hijo tiene sus propios gustos, tienes sus propias decisiones,
Nadie somos iguales, ni tenemos que pretender que nuestros hijos lo sean
Una mama tiene que apoyar a su hijo, darle una opinión, un consejo
pero sin exigirle nada, ni enojarse por lo que el escoja
Los padres somos el cimiento de los hijos, nosotros
los formarnos, los ensenamos a ser independientes o
dependientes, los ensenamos a ser Fuertes o débiles
A afrontar la vida sin miedo, pero si queremos
tenerlos a los que uno decida por ellos
Ellos cresen al lado de mama, y cometiendo errores,
porque saben que siempre su mama los va a sacar de
apuro, no van a saber tomar sus propias decisiones
Una mama tiene que guiar, educar a su hijo, sin criticarlo,
sin compararlo con nadie, ni ofenderlo, tenemos que
comunicarnos con los hijos, ser su amigo más que mama
Tenemos que ponernos al nivel de los hijos para entenderlos
mejor, no que los hijos se pongan a nuestro nivel
Acuérdate cuando tú eras hijo
Ama a tus hijos

Sigue Adelante

La luz brillaba al rededor nuestro, cuando pasábamos tiempo juntos
Tú te convertías en otra persona, te olvidabas de tus angustias, de
Tus miedos, de tus debilidades
Cuando estábamos justos, sentías armonía, amor,
sentías tu Corazón abierto lleno
De paz, te sentías fuerte, veías la vida con otro sentido
Platicábamos y te hacia ver la vida maravillosa que tenías por delante
Que miraras hacia el futuro que te esperaba
Sin ninguna cadena que te atara a tu pasado
Porque tu futuro venia lleno de abundancia, en el cual ibas a ser muy feliz
Tú no tenías fe en nada, decías que no eras nadie
Te hice ver la luz que siempre nos iluminaba
Que era la luz y el amor de Dios
Abriste los ojos y te llenaste de fe y te dio
fuerza para caminar hacia el futuro
Ahora ya no estas a mi lado, ya no te veo, ni se de ti
Pero me siento contenta y en paz, porque te ayude a encontrar la luz
Que te saco del pozo oscuro donde estabas
Ahora solo le pido a Dios que te ilumine siempre el camino,
Que camines hacia tu futuro, que nunca más veas la
oscuridad, para que no vuelvas a caminar hacia ella
Me acuerdo siempre me decías.. Cuando camines siempre voltea hacia atrás
Ahora yo te digo.. Camina, sigue adelante, sin voltear hacia atrás

LILY TU ANGEL

El Poder

El poder que siente el hombre, el poder que siente
el rico, el poder que da el dinero
El que hace que las personas se sientan orgullosas, egoístas, que piensan
que todo lo que quieren lo pueden tener, y que nada se les puede negar
Comen los mejores manjares, tienes las mejores casas,
los carros más lujosos, y todo lo que desean
Ese poder de tenerlo todo, los hace felices, los hace vulnerables,
los hace insensibles a las personas, a la vida
Les pagan a personas para que hagan su trabajo, su limpieza,
su comida, para que cuiden de ellos y de sus hijos
Y ven a esas personas sin ningún respeto, y los
humillan, porque piensan que son superiores
No piensan que las personas tienen un Corazón Bueno
y noble, el cual ellos lastiman constantemente, con su
arrogancia y desprecio, ofendiendo sus sentimientos
No piensan que en realidad no tienen lo más bello
de la vida, el amor y la felicidad
El cual se obtiene sin pedir nada a cambio, no tienen una
Amistad sincera, la cual se da sin envidia ni conveniencia
No tienen la libertad en la cual puedes correr por las calles, sin
el temor de que alguien te dañe para quitarte lo que tienes
No sientes la felicidad que se siente cuando te comes un taco, cuando
tienes hambre, la felicidad que se siente cuando estrenas un vestido Nuevo,
y el orgullo que se siente de recibir dinero por el trabajo que hiciste
No saben la felicidad que se siente cuando tienes un amor sincero,
cuando sabes que te aman por lo que eres y no por lo que tienes
Pobres de esos ricos poderosos que humillan a los demás,
pensando que todo lo tienen y lo pueden, sin saber que
los que no tienen dinero, tienen más que ellos
El amor que sientes cuando tu Corazón estalla de alegría cuando
obtienes algo por ti, y porque tienen un verdadero amor y felicidad
Y eso ni con todo el dinero ni poder lo puedes tener,
porque el amor y la decida no se compran

LILY TU ANGEL

Mi Amigo

Tú eres mi amigo, el que me escucha, me aconseja,
me cuida, y se preocupa por mí
Me encanta platicar contigo, reír, jugar
Contigo pasa el tiempo más rápido, cuando nos damos cuenta
y pasaron varias horas y pareciera que no queremos dejar
de hablar, siempre tenemos un tema de que hablar
A ti te guasta estar conmigo, sentarte cercas de mí, ha beses
siento tu Mirada profunda que quisiera penetrar mi cuerpo
Cuando te platico de la persona que me gusta o se salgo
con alguien, yo siento que muy dentro de ti te molesta
Ha beses tú me platicas de amigas y personas que te gustan, pero
muchas veces yo sé que inventas esas pláticas para que yo me
sienta celosa, cuando en realidad tu eres el que se pone celoso
Pero, por que lo haces, porque te pones celoso, tú eres mi amigo
Ha beses me haces enojar cuando peleas conmigo, cuando estas
enfrente de otras personas o de tu familia, hablas de mujeres
que te gustan, las comparas conmigo, dándome entender que
son más bonitas, o que tienen mejor cuerpo que yo y me quieres
hacer sentir menos, y solo porque yo Salí con alguien mas
Luego cuando me ves a solas, eres otra persona
conmigo, el amigo Bueno y cariñoso
Como decirte, que no me gusta que te pongas celoso, que no me
gusta que hables de otras mujeres solo para hacerme enojar
Como decirte que me daría gusto que de verdad
encontraras a alguien que te guste y te ame
Porque eres mi amigo y deseo lo mejor para ti
Como decirte, que cuando te veo te quiero abrazar por el gusto de
verte y cuando no te veo te extraño, pero sin que te ilusiones mas
Como decirte que no te enamores de mí.. Si ya es tarde
Tu eres una persona muy especial en mi vida, y estas dentro
de mi Corazón, y siempre que me necesites voy a estar a tu
lado, así como tú lo estas, porque te quiero mucho
Porque tú eres mi mejor Amigo

LILY TU ANGEL

Sin padres

Cuando uno crese sin sus padres, uno crece de otra manera, porque
la vida nos da golpes desde niños, como perritos sin dueño
Donde cualquiera te da de comer, luego te humillan y
te dan una patada, donde te dan amor a cambio de
algo, y aprendes a ver la vida de otra manera
Vez a otros niños que tienen a sus padres, y tú te preguntas, porque yo no?
Ves otros padres que aman a sus hijos, los ves pasear por las
calles, comprándoles juguetes, comida, los vez jugando con los
hijos felices y tú te preguntas, donde están mis padres?
Tenemos que luchar para obtener cosas, crecemos independientes,
sin miedos, porque es lo que aprendemos de la vida, y hacemos
lo que creemos es lo mejor, aunque abecés cometemos muchos
errores, y todo porque no tuvimos unos padres que nos guiaran
Tenemos un gran amor dentro de nosotros, y muchas veces lo
ocultamos, esperando que algún día alguien descubra ese amor
Ha beses pensamos en todo ese deseo de tener unos padres, para
amarlos mucho, y para sentir su amor, porque no sabemos cómo es
Ha beses queremos tener una pareja para darle nuestro amor, pero el
amor que se recibe no es suficiente, porque buscamos ese amor paternal
Luego estamos tan acostumbrados a vivir independientes sin que
nadie nos mande y exija que no sabemos durar con una pareja
Cuando tengas un hijo, amalo, cuídalo, nunca lo dejes
Los hijos no queremos vivir con abuelos, familiares o amigos
Los hijos queremos vivir con nuestros padres para
que nos amen, nos guíen, nos proteja
No queremos vivir sin ese amor, donde hay
personas que nos humillan y nos dañan
No nos importa vivir en el más humilde de los
lugares pero felices, con nuestros padres
No vivir como un perrito sin dueño
Ama a tus hijos, y no los abandones

LILY TU ANGEL

Confió En Ti

Cuando despierto veo que me tienes en tus manos
Que me cuidas y me proteges de todo mal
Y no me dejas caer de tus manos
Por eso durante el día
Yo me siento segura y confiada
No temo a nada, camino con seguridad
Porque sé que tú me mantienes en tus manos siempre
Y tú estás conmigo cada Segundo de mi vida
Nadie me puede dañar, nada me puede pasar
Aunque ha beses yo me arriesgo demasiado
Y me meto en cada cosa
Que ha beses siento que casi me caigo de tus manos
Y me sostengo con las puntas de mis dedos
Pero tu estas ahí, que no me dejas caer
Por eso y confió en ti
Gracias por tenerme en tus manos
Gracias por cuidarme y protegerme
Te amo mi Dios

Tu Conciencia

Te acuerdas cuando le hiciste mal a esa persona?
Con la cual convivías, te confiaba, te la llevabas bien
Pero un día tú le hiciste daño, el cual hasta ahora no has
Podido olvidar
A partir de ese día tú te retiraste, te fuiste lejos de ella
Porque no podías ni verla a los ojos
Tú la engañaste, te reíste de ella, le causaste un mal
Ya ha pasado tiempo, pero tú aun piensas en ella
Ahora te arrepientes de haber causado mal
Por la noches lloras en silencio, porque ni tú mismo crees lo que le hiciste
Porque sabes que no se lo merecía
Ahora tu conciencia no te deja en paz
Porque saliste como un cobarde, porque nunca pediste perdón
Aunque ella ya no aceptara estar contigo
Quizás te haya perdonado, y tu conciencia estaría en paz
Ahora las cosas te salen mal, todo te va mal y piensas que Dios no te perdona
Sin saber que el que no se perdona eres tú mismo, por no pedir perdón
Anda, corre a pedir perdón, nunca es tarde para hacerlo
Porque Dios te perdono, pero tu conciencia no
Parquet no lo has pedido
Pon tu conciencia en paz, pide PERDON

Ahora Y Siempre da Gracias

Al despertar te doy Gracias por el Nuevo día, por despertar llena de salud
Te doy las Gracias por el sol, que nos da su luz, que nos calienta el cuerpo
y nos llena de energía y nos da claridad para ver lo hermoso que es todo
Te doy las Gracias por los pájaros que me despiertan
cantando, llenándome de alegría
Te doy las Gracias por las lindas flores que me envuelven con su aroma
Te doy las Gracias por la música que me llena de paz y me pone contenta
Te doy las Gracias por la madre tierra, que nos da sus alimentos,
por medio de semillas, de los árboles, sus plantas
Te doy las Gracias por el mar, que también nos da sus
alimentos, su frescura cuando queremos disfrutar de el
Te doy las Gracias por los ríos, lagos que nos dan su agua para beber
Te doy las Gracias por mi trabajo, porque atreves de él me ensenas
compasión, me ensenas a dar amor y a ayudar al que me necesita
Te doy las Gracias por los niños de mundo, por su
inocencia, y por qué de ellos es nuestro futuro
Te doy las Gracias por mis hijos, que día a día se
van convirtiendo en hombres de bien
Te doy las Gracias por las noches, que nos hacen
meditar sobre el bien y el mal
Por sus estrellas y la luna que nos dan su luz para no estar a oscuras
Te doy Gracias por los Ángeles, que siempre me cuidan
y me protegen y me previenen de todo mal
Te doy las Gracias por mis risas, mis lágrimas, mis alegrías, mis
tristezas, por todo lo que yo soy, por enseñarme a crecer
Te doy las Gracias por toda la felicidad que
me das por todas estas cosas y más
Gracias por ser mi Dios por ser mi Padre

LILY TU ANGEL

Publicar Lo Que Piensas

Ahora se acostumbra mucho poder poner todo lo
que tú quieres en publicaciones de internet
Algunos ponen fotografías, otros cosas de negocios, y otros lo que piensan
Lo que comen, donde se encuentran, todo lo que para
ellos es importante que los demás sepan
Pero cuantos problemas han surgido, a causa de estas publicaciones
La gente no es discreta, habla de sus novios, esposos, de amantes..
Habla de su familia, de sus amigos, de sus compañeros
de trabajo, o simplemente ponen lo que piensan
Que si estoy contenta, triste, decepcionada, si tengo
resentimientos, hambre, frio, calor y más
Unos quieren causar risa, miedo, curiosidad, y otros simplemente lastima
Algunos quieren impresionar a los demás con cosas que no tienen, con
dinero, que no tienen, con el amor que no tienen y aparentan lo que no son
Porque poner cosas feas, casas que lastiman a los demás
Porque poner pleitos, problemas o porque causar lastima, envidia o decepción
Y si quieres que alguien sepa algo, no se lo digas
indirectamente, díselo en persona
Comparte tu felicidad, tus risas, tus logros, el
amor a tu familia, el amor a la vida
Se discreto con tus cosas personales
Ayuda a poner un granito de arena en este mundo
Para llenarlo de paz, armonía y felicidad
La vida es amor, El amor es vida
Vívela

LILY TU ANGEL

Nuestra Mama y Dios

El ser madre es muy parecido a Dios
Una mama ve a sus hijos, como Dios nos mira a sus hijos
Una mama nos protege, como Dios nos protege a sus hijos
Una mama se quita el bocado de la boca para dárselo a su hijo
Dios nos da frutos para alimentar a sus hijos
Una mama siempre ve por el hijo perdido, por el que más necesita
Dios dejo su rebano, para buscar su oveja perdida
Una mama nos viste, Dios nos cobija con su manto
Una mama lucha y pelea por sus hijos
Al igual Dios, lucho y peleo por nosotros
Una mama perdona nuestros errores,
Dios perdono nuestros pecados
Una mama da la vida por sus hijos
Igual Dios murió por nosotros sus hijos
Pero a mama quien la cuida y protege?
Dios, nuestro padre, pero si tú eres hijo..
Cuida y protege con amor a tu mama
Porque Dios, no te va a dar otra mama

Porque Tienes Tanta Maldad

Ha beses no entiendo porque ahí personas que están llenas de maldad,
porque son tan infelices y quieren ver infelices a los que los rodea
Ellos se llenan de satisfacción cuando ven que otros sufren,
quieren ver a las personas llorando, y su deseo es que al
otro le valla mal, y que nunca la suerte los acompañe
Son personas que pueden envidiar cualquier cosa, tus cosas, tu
trabajo, tu compañero sentimental, tu dinero, tu belleza, todo
Porque todo lo quisieran tener solo ellos
Y por eso son capases de hacer hasta las cosas más perversas para obtener
lo que quieren, hasta pueden quitarle la vida a una persona para quitarla
de su camino, sin pensar en el sufrimiento que causas a sus seres queridos
Porque no se ponen a pensar que entre más maldad tengan y entre
más envidien a los demás menos van a tener, y que si tienen algo a
costa de la maldad, no les va a durar mucho el gusto de tenerlo
Que todo lo malo que hacen a los demás, se les puede regresar,
y no solo a ellos, sino también a sus seres queridos
Si tan solo se acercaran a Dios, se darían cuenta que pueden tener todo lo
que desean, sin lastimar a nadie, sin tener que envidiar los que los otros tienen
Si tan solo pusieran amor a todo lo que hacen, a todo lo que digan y dicen
para otros, ellos se llenarían de muchas abundancias que nos da el amor
Si tan solo pudieran curar su alma envenenada
Solo le pido a Dios que se den cuenta a tiempo
de su maldad y se llenen de amor
Para que sean felices

LILY TU ANGEL

Su tristeza de mi hijo

Mi hijo esta triste, ayer murió su abuelito, y el día de hoy está en una
competencia de su escuela donde tiene que guiar una orquesta de música
Veo sus ojitos tristes, y me dice, tengo que hacerlo,
es importante para mi escuela
Y de pronto me dice, esta performacion de música, se la voy a dedicar a el
Lo veo parado frente al público, da sus saludos a los jueces
Y de pronto lo veo mirando hacia el cielo
Ahí está el, dedicando su música a su abuelito
Empieza la música y el empieza a guiar, lo hace con una pasión que lo veo
En su carita, en cada cambio de expresión
En ese momento yo pensé, si el no gana esta
competencia, a él no le va a importar
Porque él sabe que su música llego hasta el cielo
Donde su abuelito la escucho
Esta es la primera vez que el compite, guiando una orquesta
Y lo hiso con tanto amor y pasión, que cual sería
mi sorpresa, que al anunciar los
Ganadores, él se ganó el primer lugar
Le dieron su medalla de oro
El la beso, y la alzo hacia el cielo diciéndole a su abuelito
"Ganamos"
Luego vino hacia mí, me dio un abrazo, y lloro
Y yo sé que al igual que yo, su abuelito desde el cielo
Se sintió muy orgulloso de el

LILY TU ANGEL

La lluvia

Hoy amaneció lloviendo, haci estuvo toda la noche
Ami en lo personal me encanta la lluvia, oír cuando
cae el agua, el olor que suelta la tierra
Me gusta mucho caminar bajo la lluvia, sentir que mi cara se moja
Lo único a lo que le temo es a los rayos y al
ruido que hace estremecer el cielo
Me acuerdo que mi abuelita me decía que cuando no nos
portábamos bien, los ángeles se enojaban y tumbaban las
cosas en el cielo, porque hacíamos sufrir a Dios
Y por eso se escuchaban esos truenos
La lluvia es un regalo que Dios nos da, cuando llueve tenemos más vida
Al llover crecen los ríos, donde sale el agua que tomamos
Cresen los sembradíos, del cual tenemos vegetales
Cresen los árboles que nos dan sus frutos
Y lo más importante el agua limpia nuestro cuerpo y nos purifica el alma
Cuando al bautizarnos nos echan agua a nuestro cuerpo
El agua es vida
Recuerdan en el tiempo de Noé, cuando las personas se portaron
mal, se maldecían unos con otros, ya no se acordaban de
Dios, todo era libertinaje, se estaban matando en vida
Luego vino el diluvio, y con el agua, pagaron con sus
vidas la vida que no supieron apreciar
Cuando veas que empieza a llover, ponte a pensar cómo te etas portando
Ante los ojos de Dios
Y goza de la lluvia que él nos da

Mi Misión

Hace poco tiempo tuve una cirugía en la cual tuve una fuerte
reacción alérgica y mi Corazón dejo de latir, según me dijeron
los Doctores, estuve muerta por varios minutos, ya que en
principio no sabían porque mi Corazón se había parado
Yo me recuerdo que andaba caminando en un hermoso jardín,
que si de verdad existe el Edén, yo diría que era ahí
Yo al caminar por ahí, sentía una sensación de paz, de plenitud, había
un aroma a flores a naturaleza, algo que no puedo explicar, yo me
sentía tan feliz ahí, es algo muy bonito que no se puede describir
Cuando yo caminaba, vi a una persona que se dirigía a mí,
y cuando la tuve enfrente de mí, me dijo que no podía seguir
caminando más hacia adentro, que me tenía que regresar
Yo recuerdo que le dije, que yo no me quería regresar, que ahí me sentía feliz
Pero él me dijo que todavía no era mi tiempo,
que tenía más misiones que cumplir
Pero que él me iba a esperar ahí
Y ahora aquí estoy, pero ahora me siento muy diferente, es
como si yo soy parte de allá, como si algo de mí se hubiera
quedado allá, y cada día siento el deseo de estar allá
Ha beses cuando platico, cuando estoy bien de repente
digo, quisiera morir, y yo creo que eso no está bien
Ahora me siento más sensible a los sentimientos, siento más intuición
y percibo más las cosas, también me siento más sensible a sentir
las cosas malas, personas malas, malas energías, y siento y veo
cosas que muchos no pueden ver, y ha beses, eso me da temor
Siento mucho amor, hacia las personas, hacia la naturaleza a todo lo que
me rodea, y me siento muy feliz cuando puedo ayudar a quien lo necesita
Me gustaría saber cuál es mi misión, porque si mi misión es enseñar amor
y paz a los demás, creo que estoy fallando, porque cuando hablo de
lo bonito que es estar bien, de ver las cosas con amor, que no haiga
pleitos, que no se envidien y hablo de lo Bueno que todo puede ser, siento
que se ríen de mí, que se burlan, y mejor me quiero alejar de ellos
Le pido a Dios que me ayude a cumplir pronto mi misión, para volver
ahí donde me están esperando y donde solo hay amor y paz

LILY TU ANGEL

LILY TU ANGEL

Porque No Tuve Un Hijo

Mi amiga me conto muy triste, que los Doctores
le dijeron que no podía tener hijos
Y eso le causaba mucho dolor, porque ya todas sus amigas ya tenían bebes
Me dijo que ha beses hasta tenía ganas de
quitarse la vida, porque no se sentía
Una mujer verdadera
Yo le dije, todos venimos a esta vida a cumplir una misión, y todos venimos
en una sola pieza, y únicos, y no tenemos que ser igual a los demás
Cuántas mujeres ahí que abortan a sus bebes, que los tiran
cuando nacen, que los abandonan dejándolos donde quiera
Acaso ellas valen más que mi amiga, porque
son mujeres que pueden tener hijos
Una mujer, es más mujer cuando tiene ese amor maternal, y cuida y protege
a su bebe hasta el final, aunque ese hijo no sea engendrado por ella
Yo le dije, que tal vez su misión sea ser mama de un niño que necesite
de su amor maternal y tal vez no solo de un niño, sino de más
Yo como mama que soy, respeto y admiro a las madres de
niños, que no fueron producto de ellas, porque como mujer valen
más que muchas mujeres que son mamas sin merecerlo
Y como madres, valen más por dar amor a los niños que lo necesitan
Y si Dios te mando a ti, al igual que a mi amiga,
a tener niños no engendrados por ti
Siéntete orgullosa de todo ese amor maternal que tienes para dar
Y sobre todo, siéntete orgullosa porque Dios vio en
ti ese amor y te encomendó esa tarea
Y te aseguro que todo el amor que le des a un niño
Dios te lo va a duplicar

Con cariño para mi amiga, M.E.

Soy Algo Que Esta Ahi

Soy como algo que está ahí, en lo alto, brillante,
que para muchos parece inalcanzable
Y para otros fácil de alcanzar
Soy como algo que está ahí, que muchos quieren amar
Y otros solo la quieren tener
Soy como algo que está ahí, que necesita ser amada
Pero le huye al amor
Soy como algo que está ahí, que siempre está rodeada de personas
Pero ella se siente tan sola
Soy como algo que está ahí, que en todo pone mucho amor, da mucho amor
Pero no se quiere enamorar
Soy como algo que está ahí, alto, brillante, que muchos la ven y le temen
Y muchos no la pueden ver
Soy como algo que está ahí, que todos quieren encontrar, la buscan
Pero nadie la encuentra
Soy como algo que está ahí, que todos quieren conocer
Y nadie la conoce
Soy como algo que está ahí, que solo en tu Corazón
Me vas a encontrar

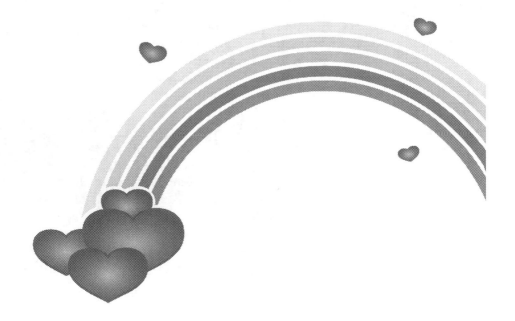

La felicidad

Cuando yo estaba en la secundaria, el maestro nos dio a cada alumno
Una palabra de tarea, de esa palabra teníamos
que escribir lo que significaba
Para nosotros mismos
A mí me tocó la palabra, Felicidad
Esa noche me la pase pensando, que era la
felicidad para mí, y me decía a mí misma
La felicidad? Que es eso? Que es la felicidad?
Me puse a pensar, si yo era feliz
Y así me puse a recordar desde que era muy pequeña
Me di cuenta de que eran pocos los tiempos que yo había sido feliz
O en otras palabras que yo haiga estado contenta
Ahora ya ha pasado más tiempo, y recordando ese día en la secundaria
Otra vez me he puesto a recordar
Que ha sido de mi vida todo este tiempo, si he sido feliz
Y vuelvo a caer en lo mismo
La felicidad dura muy poco tiempo, nos viene en tiempos cortos
O al menos eso es lo que pensamos
Porque siempre tenemos problemas, decepciones, engaños, tristezas
Y muchas veces nos hundimos en todo eso que nos hace infelices
Y todavía me vuelvo a preguntar
La felicidad, que es eso?
Porque dejamos que nos dure tan poquito?

Las Emociones

Las emociones que sientes diariamente, son como Corrientes
de energía que corren por nuestro cuerpo
Muchas veces son como unos imanes que atraen esas
energías o emociones del medio ambiente,
De otras personas y de nuestra propia mente
Porque con nuestros pensamientos producimos nuestras
emociones, nosotros mismos las creamos
La emoción de la tristeza, el querer llorar, el pensar que no tenemos
Consuelo, el estar solo, la desilusión, el pensar que nadie nos ama
La emoción del miedo, el que sentimos para hacer
lo que queremos, de cruzar los límites,
De los cambios que queremos hacer, de amar y decirlo
La emoción del dolor, el dolor de ver la realidad, del desengaño,
de perder a alguien, del sufrimiento, de las heridas del Corazón
La emoción del coraje, del mal que nos hicieron, de
perder algo, de no ganar, de la traición,
La emoción que nos da la escases, nuestras limitaciones, del
pensar que no tenemos nada y que nunca vamos a tener
Todas estas son emociones negativas, y son las que más nos gusta
tener, porque parece que nos aferramos a ellas, y no las dejamos
ir, nos gusta conservarlas dentro de nosotros por mucho tiempo
Si envés de sentir esas emociones negativas, nos riéramos más, buscáramos
la felicidad, que fuéramos más valientes, y viéramos que lo tenemos todo
Entre más te aferres a las emociones negativas, mas van a estar contigo
Las emociones producen la realidad
Nuestras emociones son nuestro reflejo
Sonríe, ama, y se feliz, y todos seremos felices

Me Quiero Ir En Paz

Ya me siento cansada, en las noches me es difícil
dormir, siempre me tiene que doler algo
De mi cuerpo o simplemente no puedo dormir
En las mañanas me cuesta levantarme, ya casi no
puedo caminar, me tengo que apoyar
Con un bastón, y cuando camino lo hago muy lentamente
Ya todo me cansa, casi no me da hambre, casi no puedo
comer, y si no me cuido me enfermo fácilmente
Ya mi alma quiere descansar, ya quiero retirarme en paz
Y pensando en retirarme en paz, me di cuenta que todavía
me falta decir muchas cosas, a muchas personas que fueron
y algunas que todavía lo son, parte de mi vida
Cosas que tal vez nunca se los dije y que necesitan saber
Tienen que saber cuánto los amo, o cuanto los ame, y no se los he dicho
A esas personas que me lastimaron, que no les tengo rancor ni odio, y que
nunca lo sentí, y que nunca les dije que el mal que me hicieron se me olvido
A las personas que sientan que yo les tenga que
perdonar algo, que ya los perdone
También tengo que decirles a las personas que yo
les allá echo un mal, que me perdonen
Y a las personas que esperaban más de mí y les falle, que me perdonen
También me ha faltado decir Gracias
A las personas que me dieron tanto, con su amor
y compresión, con sus palabras
A las personas que me enseñaron y me guiaron
en mi vida, a las que me amaron
Una vez que hable con cada una de estas personas, que
en algún momento o siempre estuvieron en mi vida
Entonces si estaré lista para irme en paz

Date Más Tiempo

Ahí personas que trabajan diariamente, y si tienen
días de descanso, también los trabajan
No se dan un descanso
Algunos lo hacen porque es muy poco lo que ganan
y no les ajusta el dinero para sus cosas
Otros porque, les gusta tener más, porque necesitan comprar algo,
o para darle más cosas a sus hijos, Bueno por muchas razones
Yo los veo, y me doy cuenta que no son felices, porque
aunque tengan más dinero y nos cuenten que compraron
casas bonitas, carros lujosos, ropa de vestir cara y mas
En ellos no se refleja felicidad
Ellos no se dan cuenta, que no están viviendo lo más hermoso de su vida
Y su mayor felicidad, la están perdiendo
El disfrutar de sus hijos, el compartir con su pareja, las
reuniones familiares, el compartir tiempo con sus amigos
Se pierden de esos momentos que para sus hijos
son importantes, porque no están ahí
Se pierden, de salir a comer fuera, de ir al cine, a la playa,
con su pareja o amigos porque no pueden, se pierden,
de fiestas familiares, porque trabajan esos días
Y sobre todo, muchas veces se ven enojados, cansados, frustrados,
preocupados por no estar en su casa y saber que está pasando en ella
Descansa, limita tus gastos para que tú disfrutes más tu vida, date tiempo
Si te das más tiempo vas a ser feliz y vas a ser feliz a los tuyos
Acuérdate que nomás tienes una vida, y se va pronto
Disfrútala

Mi Herencia

Cuando yo era niña, me acuerdo que usted siempre
me busco, a lo lejos me vio crecer
A mi padre nunca lo vi, pero usted, siempre lograba verme
Yo lo conocí hasta que fui una jovencita, y desde
que lo vi, sentí una conexión de cariño
Aunque yo siempre viví muy lejos de usted, cada que había oportunidad
lo buscaba o si usted sabía que yo andaba cerca, usted me buscaba
Me acuerdo cuando me pidió a mi niño para bautizarlo, sentí muy bonito
Usted se acercó a mi familia, y también me hiso parte de
la suya, cosa que mi padre ni siquiera lo pensó
Pero había algo más que ni usted ni yo sabía que nos conectaba, que
venía desde nuestros abuelos, y en su familia muy pocos lo tenían
Y eso respondió muchas preguntas que yo siempre me hacía, de
cosas que me pasaban, que sentía, veía y oía, del saber tanto
de la vida, y muchas cosas más que usted me lo explico
Usted y yo tenemos muchas cosas en común, nos parecemos mucho
y por eso me pregunto, porque usted no fue mi padre?
Eso es lo único que le agradezco a mi padre, que
me dio la vida, para conocerlo a usted
Yo no tuve un padre que me enseñara, que me guiara, no tuve
un padre que me dejara una herencia, una casa, dinero
Eso para mí no es importante, lo material, el dinero se acaba, sin embargo
la herencia que tengo dentro de mí, que a través de Dios se me dio
Todo el amor hacia la vida, todo el conocimiento hacia el bien y el mal, todo
este sentir de ayudar a los demás, todo esto es la herencia más Hermosa que
un ser humano pueda tener, porque todo esto se va con nosotros hasta Dios
Le doy las gracias por siempre estar al pendiente mío, por quererme conocer
más a mí y a mi familia, por el cariño que siempre nos ha demostrado
Solo le pido que siempre sea así, que donde quiera que se
encuentre, siempre me guie y responda mis preguntas
Gracias por ser parte de mi vida…. LGV

LILY TU ANGEL

Siempre Pensare En Ti

Vivo pensando en ti, siento tu alma junto a la mía y pienso en ti
Veo a mi alrededor, en cada lugar que estuvimos juntos, y pienso en ti
Cuando duermo y sueño momentos que compartimos juntos, pienso en ti
Cuando camino por el parque, o la playa y te extraño, pienso en ti
Cuando escucho canciones que me dedicabas, pienso en ti
Cuando veo la luna, las estrellas en la noche, pienso en ti
Cuando siento tus palabras, hablándome de amor
Siento que tu alma no puede dejar la mía
Es porque tú también piensas en mí
Aunque nuestros cuerpos estén separados
Nuestras almas los unen
Porque detrás de nuestro ser, de nuestros sueños
Ellas siempre se encuentran
Y aunque quisiéramos ya no pensar más
Yo sigo pensando en ti
Como tú en mí

Carta A Mi Amado

Te escribo para decirte, que pronto me van a operar
Estoy triste y deprimida, creo me voy a morir
Todos los días lloro pensando que me voy a ir lejos
Aunque Dios tenga algo mejor preparado para mí
Y sabe lo que es mejor para mí, tengo miedo
Me duele mucho dejar todo lo que yo sin que lo fuera
Consideraba mío
Sabes, te sigo queriendo mucho, quiero que eso nunca
Se te olvide
Yo no sé si tu algún día de verdad me quisiste, si me
Extrañas, o si aun deseas estar conmigo
Lo único que te puedo decir es que yo te quiero, te
Extraño y me gustaría mucho que estuvieras a mi lado
Pero ya vez, no se puede
Tú estás en tu mundo y yo en el mío
Espero que siempre me recuerdes con el amor que
Decías tenerme, y cuando me extrañes
Sierra tus ojos
Que yo siempre voy a estar a tu lado

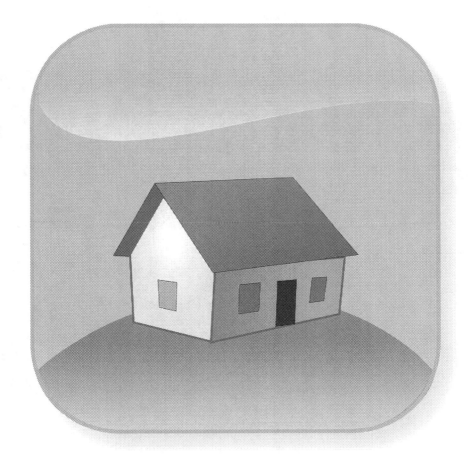

LILY TU ANGEL

Mi Nueva Casa

Me acabo de mover a esta casa, y me siento
diferente, no me siento en mi casa
Cada día algo diferente pasa aquí algo no está bien
Siempre algo que se arregla, algo más se descompone
Y eso mantiene mi mente ocupada, preocupada
Porque todo este bien
Ya quisiera que pasara todo esto y que fuera todo como en mi otra casa
Hay mucha oscuridad aquí, y eso me está afectando porque me da una
Sensación de tristeza
Pero ya tengo que cambiar, esta actitud en mí, y sacar de aquí todo esto
Negativo del ambiente
Voy a abrir ventanas para que entre el sol, y
llenar el ambiente de luz y energía
Voy a poner música, y voy a poner bonitos aromas
Porque en mi casa está mi Dios
Y él no puede estar en un lugar gris, desde este momento todo va a cambiar
Voy a aceptar con alegría lo que pase en mi casa, porque todo tiene solución
Y que por alguna razón dios me trajo hasta aquí
Y aquí en mi casa siempre tiene que haber,
Amor, paz, y armonía
Porque también es la casa de mi Dios

Dios Mío Ayúdame

Dios mío, ayúdame a no sentir dolor, a no sentir, coraje
A ignorar a las personas que tratan de hacerme mal
Dios mío, ayúdame para que nadie hiere mis sentimientos
Ni mi orgullo ni mi persona
Dios mío ayúdame, a tener paz, tolerancia y amor con
Los que me rodean
Dios mío, perdóname por todo lo malo que yo allá hecho
Con intención o sin ella
Y enséname a perdonar
Dios mío, cuídame y protégeme de todo mal
Guía mis pasos, mis palabras y mis hechos
Dios mío, ayúdame a ser feliz a todas las
Personas que me rodean
Y ayúdame a encontrar mi propia felicidad
Gracias, Dios mío por escucharme

Porque A Mi

Ha beses pienso, porque todo me tiene que pasar
a mí, siempre me pasa algo malo
Ya hasta me da miedo, cuando algo se arregla es
porque otra cosa, igual o peor vendrá
No sé hasta cuando las cosas van a seguir así
Ha beses siento que ya no puedo más, y pienso en
atentar contra mi vida, pero enseguida
Me arrepiento de esos pensamientos
Luego pienso que ya no me va a importar nada, de todo lo que me pase
Pero duele tanto
Muchas veces me he preguntado, porque a mí? Porque siempre ha sido así?
Parece que mi destino es así, para que todo lo malo me pase
También me pregunto, si vine a esta vida a
pagar algo, si acaso en otras vidas
Hice mal, pero luego pido perdón por pensar así
Yo sé que por algo pasan las cosas, y todo
esto que me pasa son pruebas que
Tengo que pasar
Solo pido una cosa, quisiera que cuando estoy contenta y feliz
Que mi felicidad durara un poquito más

LILY TU ANGEL

Voy A Ser Tu Ángel

Voy a ser tu ángel, siempre voy a estar a tu lado,
para cuidarte y protegerte de todo mal
Voy a proteger tu Corazón, para siempre tengas amor
Voy a proteger tu espíritu y tu alma, para que
nunca te dejes llevar por la maldad
Y siempre estés cerca de Dios
Siempre te voy a cuidar de los peligros de las calles,
y no dejare que te metas en problemas
Yo te voy a confortar cuando estés triste, y no dejare que crezca odio y
Rencor en tu alma
Siempre que me llames te voy a escuchar y aconsejar
Siempre voy a estar en tus sueños
Para que tus sueños se te hagan realidad
Y voy a ser feliz, cuando te vea reír
Porque así sabré que te estoy cuidando bien
Y no quiero que me extrañes, porque siempre
Voy a estar a tu lado
Siempre viviré contigo
Porque soy tu Ángel

LILY TU ANGEL

La Escalera

Siento, que ahí una escalera hacia el cielo
Cuando la veo, quisiera correr hacia ella y subir rápidamente
Pero solo logro subir un escalón
Aunque ponga todo poder mental y spiritual
No logro subir otro
Trato de dar amor, de ser humilde, de tener bondad
Pero mi manera de pensar me traiciona
Y cuando menos me doy cuenta, ya pensé o hice algo mal
Ha beses pienso que ya subí muchos escalones
Y de repente bajo uno o dos
Yo no soy perfecta, soy humano
Pero cada día me esfuerzo, por subir otro Escalón
Los ángeles nos ayudan, para que podamos subir
Nos dicen lo Bueno y lo malo, por medio de la intuición
Pero muchas veces nos dejamos llevar por lo malo
Hacemos lo que nos conviene, y así es como retrocedo un Escalón
Ahora trato de seguir mi intuición
Caminar por el camino correcto hacia la escalera
Que algún día me llevara al cielo

Llénate De Energía

Nuestro cuerpo está lleno de energía, está lleno de una luz brillante
En la cual se encuentra Dios
Hay personas que manchan su cuerpo de energía negativa
Siempre están peleando, gritando, maldiciendo
Y nunca están contentos ni agusto en ningún lugar
Muchas de las casas donde habitan estas personas también se llenan
De mala energía
Entras a esas casas y vez como se estuviera una nube gris
Se siente un ambiente pesado y ha beses se sienten muy frías
Llénate de energía positiva, puedes hacerlo, estando alegre, pon música
Ama lo que te rodea, se feliz, júntate con personas que
Te den Buena energía, y aléjate de los que quieran
Contagiarte de su energía negativa
Y no dejes que las personas se alejen de ti porque siempre
Estés enojado, gritando y metiéndote en problemas
Con energía positiva, te sentirás mejor y sentirás
Paz y tranquilidad en tu hogar
Porque vas a sentir la energía del
Amor y la luz de Dios

Cuando Estas En Crisis

Vivimos en esta vida pensando que todo lo tenemos, nuestra situación
económica es Buena y todo lo que necesitamos lo tenemos, sentimos que todo
lo podemos, y eso nos hace vulnerables hacia los demas, porque pensamos
que no los necesitamos, vemos a las personas y fingimos no verlos, los vecinos
nos saludan y los ignoramos, y muchas veces hasta de Dios nos olvidamos, no
le damos gracias por lo que tenemos ni mucho menos le rezamos una oración
Pero un día la vida nos da una lección
Una mañana te das cuenta que el edificio donde vives se está
derrumbando, por un temblor que acaba de pasar, y muchas personas
viven en ese edificio, tu sales y quieres correr, salir de ahí, pero
volteas hacia atrás y vez que hay personas que necesitan ayuda
Muchas están en pánico, y se paralizan, pero tú los
empiezas a guiar hacia la salida y vienes por más
Al final te das cuenta que por tu afán de ayudar no te dio miedo ni
te fijabas en el peligro que te exponías por ayudar a los demás
Luego te das cuenta, que todo lo que tenías se destruyó,
de tenerlo todo, te has quedado sin nada
Vienen personas que ayudaste y te dan las gracias, otras te cobijan,
te dan de comer y un lugar donde dormir, y tú con una humildad
empiezas a darles las gracias y también le agradeces a Dios, y vez
con que amor y entusiasmo las personas se ayudan y se apoyan
Todo eso te hace recordar lo mal que estabas, y te das cuenta de
la lección que te está dando la vida, que necesitabas estar en un
momento de crisis para valorar lo que la vida nos ofrece y ahora
te das cuenta que ayudando a los que también te apoyaron van a
salir adelante, y que ahora sientes la necesidad de ser humilde con
las personas, de dar amor, de proteger, de sonreír y compartir
No hay que esperar a tener una situación de crisis en nuestra vida, hay que
hacer que nuestro Corazón, nuestra manera de pensar cambie, dando amor,
dando una sonrisa, a todas las personas que nos rodean, y lo más importante,
agradeciendo a Dios por cada día que nos da lo que necesitamos

Tus Hijos

Tú ves a tus hijos y se sientes orgullosa de ellos, son lo más importante para ti
Les das amor, les compras juguetes y los quieres tener protegidos
Tú tienes tu vida normal, ama de casa, trabajas, tienes amigos y familia
Cuando tu vez a alguien de tu familia o a un amigo diferente, tu enseguida
le preguntas que tienes? Y hasta les dices yo te conozco bien y algo te pasa?
Pero haces lo mismo con tus hijos?
Ha beses los niños cambian su comportamiento, ya no quieren comer, se
hacen más rebeldes, se aíslan de las personas, muchos hasta se orinan
en la cama o se empiezan a chupar el dedo como cuando eran bebes
Tu vez estas cosas inusuales en tu hijo y le preguntas que tienes?
Pero tú como toda mama, empiezas a quejarte de su
comportamiento, que si es más rebelde que no te hace
caso, que quiere volver a ser bebe, Bueno de todo
Pero es que tú, conoces más a otras personas que a tus propios hijos?
Porque no te das cuenta del cambio en tu hijo ?
porque no tratas de saber porque esta así?
Aunque el niño diga no pasa nada, ustedes como padres
saben que ese comportamiento no es normal
Acérquense a sus hijos, denle confianza, para que el
niño pueda hablar y decir lo que le pasa
Háganles preguntas, y vean su expresión en la cara cuando contestan,, digan
a sus hijos que ustedes los van a proteger, y si alguien los amenaza para que
no hablen, que no hagan caso porque ustedes siempre van a estar con ellos
Muchas veces los niños son abusados, acosados, discriminados, a beses
son víctimas de otros niños que se burlan de ellos, los hacen menos, ha
beses familiares o amigos abusan sexualmente de ellos, y son víctimas
de amenazas y por eso el niño calla, y cambia su comportamiento
Si de verdad tus hijos son lo más importante para ti, pongan mucha
atención a los cambios de comportamiento, escúchenlos, pregunte,
acérquense con amor no con regaños, que eso los asusta y menos
hablan, Es muy importante que tu hijo se sienta protegido, y seguro
Acuérdense que en la imaginación de sus hijos, ustedes son los héroes

Que Somos?

Estoy en lo alto, sobre las nubes, todo se ve tan pequeño desde aquí
Si tan solo nos diéramos cuenta de lo chiquito que somos
Veríamos la vida de otra manera
Cuantos de nosotros nos sentimos Fuertes ante todo
Nos creemos grandes nos creemos superior
Pero en realidad desde este punto de vista
No somos nada, somos más chiquitos que una hormiguita
Cualquier piedrita de universo puede acabar con nosotros
Siento como si fuéramos unos animalitos creo que hasta más chiquitos
Que la hormiguita
Por un momento sentí un extraño miedo
De ver lo que en realidad somos ante este nuestro mundo
Ahora no me quiero ni imaginar lo que somos ante el universo
Porque cuando vemos fotografías de planeta tierra, es más chiquito
De los demás planetas
Ahora pienso, entonces que somos ante tanta
grandeza, es difícil imaginar que
Somos o que no somos en realidad
Hay que tomar conciencia, y darnos cuenta que
grandes no somos, superiores menos
Y Fuertes, ante quién?
Aquí en nuestro mundo todos somos iguales, y
que yo al igual que ustedes corremos
El mismo peligro de cualquier cosa que caiga
del cielo, puede acabar con nosotros

Un Día Especial

Hoy fue un día muy especial
Me di la tarea de preguntar a varias personas
Que es el amor?
Que significa para ellos
Y vi en cada persona algo diferente
Porque aparte de su respuesta, su expresión en cada uno
Fue diferente
Unos se pusieron románticos, otros se ponían a cantar
Y me decían que es el amor cantando, otros se pusieron muy pensativos
Y también hubo quien se pusiera un poco de mal humor
Pero lo más impresionante de todo, fue la armonía tan bonita
Que se quedaba en el ambiente
Sentí, como como se convirtió en un día lleno de amor
Porque aunque muchos me dijeron significados tristes
Acerca del amor, yo sé que en el fondo se quedaron pensando
En el amor
Porque siempre en cada momento de nuestra vida, lo sentimos
Y si tú me preguntas que es el amor ¿
Te diré, El Amor eres Tú, soy Yo
El Amor es Dios

LILY TU ANGEL

Que Es El Amor

En Diferentes Versiones

El amor es una parte de mi vida

El amor es algo que entregas sin medir consecuencias

El amor es algo difícil de encontrar, el estado perfecto del ser humano

El amor no es egoísta

El amor es existir con Dios, tu ilusión, tu corazón

El amor es estar ahí

El amor es una emoción muy onda, hacia alguien

El amor es compartir con alguien que te importe, es devoción a alguien

El amor es confianza, honestidad, alguien con quien haces el amor, alguien que te haga feliz,

Que tenga interés en ti, y con quien tengas la misma conexión y química

El amor es apreciar, en las buenas y en las malas, no es sexo

El amor es el ser aficionado y es estar dispuesto siempre hacer algo sin esperar nada a cambio

El amor es algo que te hace sentir feliz, te hace sentir plena

El amor es querer dar todo a las personas

El amor es como un hijo, es la consagración de nuestro trabajo

El amor no se acaba, uno lo termina, cuando ya no se dicen un te quiero o no hay una caricia

Solo el amor es capaz de cambiar a una persona y al mundo, como y cuando, con una

Mirada, un abrazo, un te quiero

El amor es como un océano sin final, hermoso y peligroso

El amor es un sentimiento que sale del alma, para poder hacer sentir bien a los demás es no

Hacer el mal a los demás

El amor no se platica, no se habla, es menos teoría y más practica

El amor no sé qué es eso

El amor es sacrificio, en una cosa hermosa

El amor es que esa persona valga más que todo el mundo, lo único que esta sobre esa persona

Es Dios

El amor es dar el cien por ciento

El amor es algo hermoso, sublime

El amor es toda clase de problema, es un problema

El amor lo es todo, el amor a la vida, a los hijos, a mí misma

El amor es gratitud, y algo que no se puede interpretar

El amor es un sentimiento sin límites

El amor es extrañar y querer estar junto a esa persona, y extrañar sus besos

El amor es disfrutar en silencio, nunca aburrirse de la persona, se te peleas a los cinco minutos

Hablar con ella, no dejar que una pelea te separe, estar con ella muchos años, y

Sentir que apenas empezaste

El amor es lo más bello que existe en este mundo, en quien existe el amor, no existe el odio

Ni el rencor, la envidia, ni la avaricia, el que tiene el verdadero amor está lleno

De paz, de perdón, de humildad, en cada persona que se acerca deja siempre un

Hermoso testimonio

El amor es Dios, y Dios es amor, quien lo pose no carece de nada

El amor es tratar de llevársela bien con todos, la vida es muy corta

El amor es tratar de dar felicidad a los demás, en el mundo hay mucha guerra, mucho asesinato

Es tratar de tener balance en todo

El amor es cuidar y respectar

El amor es cuando esta alguien siempre ahí para ti

El amor es darme lo mejor para mí, primero yo, y siempre yo

El amor es un sentimiento que va y viene

El amor es una cosa esplendorosa, y traer un peso en la bolsa

El amor es un gran dolor de cabeza

El amor es sacrificar para que los demás estén bien

El amor es cuando sacrificas tu persona incondicionalmente

El amor es cuanto más te amas, tú puedes amar a los demás

El amor es una gran confusión, es un sentimiento que te puede hacer muy feliz, y también es

Un sentimiento que te puede causar mucho dolor

El amor es tolerancia, el que ama tolera todo

El amor es lo más bello, es invisible a los ojos

El amor parte la piedra de la ignorancia, hay que ir más allá de los miedos para abrirse al amor

El amor es cuando miras el amor en otro y brillara en ti

El amor es un sentimiento bien fuerte, que te hace hacer cosas locas

El amor es mi esposa y mis hijos

El amor es ciego, cuando estás enamorado no vez nada

El amor es algo que me hace sentir inquieto por dentro

El amor es muy doloroso

El amor es que te preocupe una persona y pienses en ella

El amor es algo que llevo dentro

El amor es un sentimiento que me da miedo

El amor es vivir la vida con felicidad

El amor es puro, el que ama no traiciona

El amor es una mirada, una sonrisa, una caricia

Gracias a todas la personas que me dieron su definición del " AMOR "